中华先贤人物故事汇

郑成功

盛文强 著

中华书局

图书在版编目(CIP)数据

郑成功/盛文强著. —北京:中华书局,2020.9(2023.10 重印)
(中华先贤人物故事汇)
ISBN 978-7-101-14515-1

Ⅰ.郑… Ⅱ.盛… Ⅲ.郑成功(1624~1662)-生平事迹
Ⅳ.K825.2

中国版本图书馆 CIP 数据核字(2020)第 059412 号

书　　名　郑成功
著　　者　盛文强
丛 书 名　中华先贤人物故事汇
责任编辑　李　猛　董邦冠
责任印制　管　斌
出版发行　中华书局
　　　　　(北京市丰台区太平桥西里 38 号　100073)
　　　　　http://www.zhbc.com.cn
　　　　　E-mail:zhbc@zhbc.com.cn
印　　刷　三河市宏达印刷有限公司
版　　次　2020 年 9 月第 1 版
　　　　　2023 年 10 月第 2 次印刷
规　　格　开本/787×1092 毫米　1/32
　　　　　印张 4⅝　插页 2　字数 50 千字
印　　数　10001-13000 册
国际书号　ISBN 978-7-101-14515-1
定　　价　20.00 元

出版说明

　　孔子周游列国，创立儒家学说；张骞出使西域，开辟丝绸之路；书圣王羲之，留下了曲水流觞的佳话；诗仙李白，写下了"举头望明月，低头思故乡"的名篇；王安石为纠正时弊，推行变法；李时珍广集博采，躬亲实践，编撰医药学名著《本草纲目》……

　　这些杰出的历史人物，有的是在中华民族文明进程中做出过突出贡献、对后世产生过巨大影响的思想家、政治家，有的是对中华优秀传统文化的传承传播发挥过重大作用的文学家、艺术家、科学家，有的是为国家安定统一、民族融合团结和中外文化交流做出过杰出贡献的军事家、外交家……他们为中华民族的繁荣发展做出了伟大的贡献，他们的行为事迹、风范品格为当世楷模，并垂范后世。

他们是中华民族的先贤人物。他们的思想、品德、事迹，是中华优秀传统文化的结晶。他们的故事，是对中华民族的禀赋、特点和气质最生动、最鲜活的阐释。他们的名字，在五千年中华文明史上最为光彩夺目。他们为五千年中华文明史书写了最为光辉灿烂的篇章。

为了解先贤，走近先贤，我们精心组织编写了这套《中华先贤人物故事汇》丛书。以详实可靠的史料为依据，以细腻动人的故事为载体，真实地呈现中华先贤人物的事迹、品格和精神风貌，彰显他们的贡献和功绩，以激发人们对国家民族的热爱，对中华文明、中华优秀传统文化的崇敬。

开卷有益，期待这套丛书成为你的良师益友。

目 录

导　读

　　郑成功，名森，又名福松，字明俨、大木，福建泉州南安人，明天启四年（1624）七月十四生。其父郑芝龙亦商亦盗，后来接受朝廷的招安，在官方身份的保护下，靠海外贸易、收取关税、保护航船而积累了巨大的财富，掌握了东亚地区的海上霸权，亲手缔造了郑氏的"海上帝国"。

　　郑成功七岁时，入学校读书，于十五岁时考取秀才，后拜钱谦益为师，入南京国子监深造。此时正逢明末多事之秋，李自成攻破北京，崇祯皇帝自缢，吴三桂引清军入关，天下风云突变。明室王孙南下，成立小朝廷，史称"南明"。在内有佞臣争权夺利、外有清兵压境的局势下，风雨飘摇的南明小朝廷频频易主，危如累卵。

郑芝龙先是在福州拥立唐王朱聿（yù）键为帝，后被清廷诱降，到北京后即遭到软禁。郑成功拒不投降，他招罗旧部，并焚烧儒服，以表明弃文从武的决心。从此以后，他从翩翩儒生公子变身为统兵将领，常年在东南沿海坚持抗清，成为明末重要的抗清力量，一度率领船队北伐，入长江口，溯流而上，围攻南京，可惜功败垂成，退到厦门。后来在厦门海战中力挫八旗精锐，扬威海上。

永历十五年（1661），郑成功率兵横渡台湾海峡，赶走了占据台湾的荷兰殖民者，荷兰侵略者在台湾三十八年的殖民统治宣告结束，台湾重回祖国怀抱。郑成功收复台湾之战，使西方殖民者在全球范围的扩张受到重挫，这一壮举使他名垂青史。

长鲸入梦

　　明天启四年七月十四，日本长崎县平户千里滨。

　　怀有身孕的田川氏在侍女的搀扶下，来到海滨散步，边走边轻抚着高耸的肚子。

　　过不多久，她就要临盆了，而她的丈夫此时还远在海外，音讯全无。连日来，田川氏心中颇觉烦闷，便带着侍女走出家门，来到海边排遣愁闷。

　　在长崎县的千里滨，海边有一片平坦的沙滩地带，礁石点缀其间。沙石之外，滚动着的大海，像一头巨兽，在长夜的昏睡中刚刚醒来，仍流连于酣眠的香甜之中，迟迟不愿起身。它扭动着肥硕的身子，它的每一寸皮肤都在荡漾，褶皱里散射着耀眼的蓝光。

当它真正醒来时，整个世界都会为之震颤。

对于海边长大的人来说，海是司空见惯之物，在日常生活中，那片蓝色的大水随时都在空旷的天空之下。

在海边，凉风吹来，田川氏的精神为之一振。

这是平户岛的西岸，多有岛屿星散于海中，有舒展平缓的沙滩，也有悬崖峭壁下的阵阵惊涛，还有一些深邃曲折的峡湾。

平户岛位于日本的西部，与中国相距不远。从平户往西，便是李氏朝鲜的济州岛，再往西南航行，是中国的闽浙一带。

她往西南望去，但见海波跳荡，却望不见彼岸的踪影。几处帆影在海平面上来回挪移，那些白亮的方块，缓解着海平面的单调。

她盯着那些帆影，不知其中有没有丈夫乘坐的船只。看了多时，帆影都在海上消失了，它们去往未知之乡。

她嘴里喃喃道："一年多了，芝龙也该回来了，怎么还是不见踪影？"

侍女在旁听到了，也不禁暗自叹息。

田川氏的丈夫名叫郑芝龙，是大明泉州府南安县人氏，常年往来于海上，四方经营，是个大富商。有人说他是海盗，也有人认为他是走私商人，其实他拥有多重身份。

他在海上拥有一支武装力量，做着亦商亦盗的生意，他的武装甚至让大明朝廷深感头疼。想当年，他还很年轻，跟着舅舅去海上学做生意，却意外发现了自己的语言天赋，几年时间就掌握了十几种语言，做生意之余，也在商船上做翻译。

记得二人初见之时，郑芝龙操着一口流利的日语，在几案前侃侃而谈，全然不像中原人士。杯中的茶凉了，侍女又添了新茶，水汽袅袅上腾，隔着水雾，田川氏偷眼观瞧。只见郑芝龙的模样白白净净的，拿着茶杯的手指也是纤长的，不像是风里来、浪里去的远洋商人，倒像是个书生。

田川氏回忆起往事，眼角眉梢显露出笑意。

正在这时，有一艘大船沿着海岸北上，在不远处的港口停靠后，水手们开始搬运货物，一派繁忙的景象。在人群当中，田川氏瞧见指挥众人卸货的一个头目，原来他也是田川家的子弟，曾经跟随郑芝龙在海上贸易，当年出海的时候还是个孩子，在海上跑了几趟后，转眼就成了大人。

"小姐，您过去问问吧，或许会有好消息。"侍女说。

说罢，二人向大船停靠处走去，一会便来到大船近前。船身高如城墙，大船的阴影瞬间将她们覆盖，水手的影子在墙头间出没。仰头再往上看，桅杆耸入云端，隐约听得到旗角猎猎作响的声音。田川氏家的子弟向二人点头致意。

"请问，有没有我夫君郑芝龙带来的消息？"

"上个月我在定海县遇着了，他在那儿跟红毛国的洋人谈生意，晚几天就回。见面时匆忙，来不及写信，他让我捎个口信，说要赶紧回来，等着夫人您临产呢。先提前恭喜夫人了。"

田川氏喜动颜色，眼前不禁浮现出这样一幅画面：

郑芝龙在船上，正和一群红头发、红胡子的洋人谈笑风生，嘴里说的，净是些叽里咕噜的语言，他的舌头在口中来回拨动，发出不可思议的声响。红胡子的洋人以同样的方式回应，不多时，便各自大笑。

想到这些，她的步子不觉欢快起来。离开码头，她和侍女继续在海滩上散步。在她们身后，货船的喧嚣逐渐散去，脚下是平坦白净的沙滩，礁石时而耸出，裸露着黑色的脊背，海就在眼前——一片幽静的所在，仿佛天地初开。

对她们来说，这是一片全新的海滩，人迹罕至，偶尔有海鸟拍打着翅膀从她们头顶飞过，毛羽之间，气浪鼓荡，留下几声尖锐的长啸，更衬出海滩的空旷。

"看，有贝壳。"侍女指着脚下惊喜地喊道。

在她们周围，有许多漂亮的贝壳。

"有这么多，还真是少见。"田川氏没有注意脚下，听侍女一说，赶忙低头一看，地上有一只形态奇特的大贝壳，格外抢眼。这只大贝壳棱角分明，一半隐没在沙子里，裸露的一半闪烁着五彩的光。正是这只大贝壳，刚才险些绊倒侍女。

田川氏和侍女毕竟还是少女心性，听到郑芝龙就快回来的消息，又添了十二分的高兴，于是主仆二人在沙滩上捡起贝壳来。

田川氏因身子不便，捡了几个，就让侍女代她去捡，自己靠在礁石边坐下休息。眼望着侍女在沙滩上蹦蹦跳跳，留下一串可爱的脚印。不多时，侍女就捡到几十枚漂亮的贝壳，用布裙兜着，蹦跳着越走越远。

田川氏停靠在礁石边休息，微笑着望着侍女捡拾贝壳的身影，不一会儿，一阵困倦袭来，不知不觉中，她倚着礁石睡着了。

她做了一个奇怪的梦。

在梦里，她站起身来，环顾四周，仍是千里滨的这片海滩。忽觉四下里光影恍惚，眼前的海面上全是跳动的光斑，忽聚忽散。她揉了揉眼睛，再看去时，海面起了波浪，毫无预兆地蹿升起一座洪峰。

随后，洪峰一分为二，水中飞出一头白鲸，一阵摇头摆尾，跟着，空中下起了大雨。田川氏的衣衫彻底被打湿，她却毫无躲避之意。她的注意力都被空中这头白鲸吸引。白鲸腾起在半空中，它遮蔽起来的巨大暗影贴在田川氏的脸上，阴寒的感觉使她裹紧了衣衫。

白鲸飞到最高处，却并没有落回海里，而是在空中转身后，径直扑向田川氏，田川氏一愣的光

一头白鲸从田川氏眼前的海面上
腾空飞出。

景，未能躲过，一道幻影进入了田川氏的肚子，那头白鲸就凭空消失了。先是方形的头钻进了田川氏的肚子，三角形的尾巴扑腾着紧随其后，扇起的风，把她脚底的沙滩刮出一个浅坑。

鲸尾一闪即逝，田川氏的肚子骤然隆起，巨鲸在里面左冲右突，这使她的肚子看上去忽高忽低，起伏不定。

偌大一头白鲸，长可十余丈，整个冲进腹内，田川氏只觉肚腹胀痛，难以忍受，似要炸裂开来。

田川氏从梦中疼醒，但剧痛并未减轻，她疼得满地翻滚。

"小姐，您怎么了？"

去捡贝壳的侍女听到声响赶紧跑了回来，布裙下摆中的螺和贝，也全部滑掉。

"我梦见一头白鲸钻进我的肚子里了，感觉快要胀开，怕是要生了。"

田川氏说着，汗珠从迸起青筋的额头上不断滚落，因为疼痛，她的双手紧抓着礁石上的凸起处。

侍女没经历过这种场面，惊得不知所措。果然，不多时，她在侍女笨手笨脚的帮助下，在海边的礁石旁诞下一个男婴。

这个男婴，就是后来大名鼎鼎的郑成功。

田川氏产子的那块礁石，后来被人们称作"儿诞石"，成为一段往事的见证。儿诞石因郑成功而驰名，后人题咏不绝。人们都在传讲，说这个孩子是巨鲸的化身，注定要在惊涛骇浪中淬炼成长，他的一生将与大海紧密联结在一起。

因田川氏出门太久，家人放心不下，怕有意外，于是派出人四处寻找。一行人赶到了海边，边走边喊。

田川氏的侍女听到后，站起来挥舞着手臂高喊道："我们在这里，在这里！"

众人赶忙跑过来。

空旷的沙滩上，几块礁石阻断了众人的视线，当他们绕过礁石时，大家惊奇地发现，田川氏双手高举着一个婴儿，向众人昭告一个新生命的诞生。

只见这个婴孩在阳光下踢腾着手脚，身子莹白而耀眼。这个纯净无瑕的新生命，正面向大海，发出响亮的哭声。

庄园少主

　　郑成功降生不久，他的父亲郑芝龙终于从海上回来了。不过没待多久，又匆匆回到海上去了，似乎大海才是他的家。

　　这之后的许多年，郑芝龙偶尔回来一趟，又消失不见。

　　在郑成功的心中，父亲就是一团虚影。父亲回来时，是喧闹而又愉悦的。那时的他，只记得有个高大的身影将他拦腰抱起，家中塞满了人，有时竟然无处落脚。

　　一转眼，郑成功便在日本长到了七岁。按照父亲的吩咐，请了专人教授郑成功汉语，而当郑成功和母亲交谈时，便换成了日语。

1631年，平户有户人家去福建做生意，恰巧遇见了郑芝龙，回来后说他在福建做了大官，另外娶了妻，生了子，决意不回日本了。田川氏惊疑不定，不知传闻是真是假。为此，常常暗自流泪。

没过多久，郑芝龙派了一个使者回来，使者拿着金帛，要接儿子郑成功回国，田川氏却舍不得让儿子走。

使者早有准备，他拿出一张画像，画像中有一人，金盔金甲，端坐在虎头船的太师椅上，手里擎着象征兵权的节钺。在他的身后，飘扬着帅字旗，旗上有一个描金的"郑"字，身后则是桅樯如林，帆布翻滚，仿佛隆隆有声，隐藏在船队中的兵丁，只露出丛丛头盔，千万人簇拥着这个人。

郑成功偎在母亲身边，见那画卷徐徐展开，露出了盔甲的一角，听大人们说，这就是自己的父亲郑芝龙。

他歪着脑袋看那画上的人，但见那人威风凛凛，再看相貌，却颇觉陌生。

田川氏沉吟良久，终于同意让郑成功回去，同时又忧心忡忡，拉着郑成功不放。

使者说道："请夫人不必担心。我家老爷回到大明后，已经接受地方大员的招抚，现在屯兵泉州安平镇，官拜都督同知，从日本到南中国海的船只，只有使用郑家的旗号才可通行，少爷此行如同游玩一般，可说是万无一失。"

说到游玩，郑成功内心不禁有些雀跃。

"母亲为何不同我一起走？"郑成功问母亲。

田川氏叹道："若按自古流传的风俗，你父原本入赘咱家，招了赘婿的女子，按例不得与婿同归，我儿先去待一阵子，后面再做计较。"

郑成功辞别母亲，便跟着使者上路了。

这是他平生第一次回到故土，也是第一次离开母亲远行，一路上难掩心中的兴奋，拉着使者问这问那。果如使者所言，大船从平户出发后，一路顺畅。

在海上行驶十天后，终于到达福建泉州海域。郑芝龙的宅邸，位于泉州府城南三十里的安平镇，这里也是郑家祖居之地，郑芝龙的父亲郑士表曾为府衙的库吏，自从郑芝龙发迹之后，便在滨海之地兴建了郑家大宅。

天色已近黄昏，庄园的高墙在夕阳下投出了狭长的黑影，树木也将影子送向了远处。大船沿着人工开凿的河道，径直开进郑家庄园。

郑成功走出船舱，见水手在船头挥动旗帜，横在水面上的大闸从中间裂开，分作左右两片，向空中扬起，像是开启的门户。大船从中穿过后，闸门放了下来。随后，大船从一处装有铁栅门的高墙中间穿过，才得以进入庄园的深处。

郑成功回头之际，铁栅门"哐"的一声在身后关闭了。只见庄园内水网密布，船只往来繁忙，俨然街市。

郑成功乘坐的大船直接开进了郑府内宅，穿过层层院落，在一处幽静的水域停靠下来。跳板搭起，郑成功的双脚第一次踏上郑府的地面，早有管家郑安在此迎接。在管家的身后，站着一排丫鬟（huán），手捧衣冠及茶点，应用之物，一应俱全。

"管家郑安参见少爷。老爷有军务在身，未在府中，已派人前去禀报。"郑安说着，拉起郑成功的小手，向宅院深处走去，随行的使者随即告退。

郑成功并没有接管家的话，而是指着大宅之内

的一处高大建筑问道:

"那是什么在放光?"

"那是议事厅,发光的是珊瑚树,树上点缀的黄叶子都是金子做的。"

"有这么大的珊瑚?都快到屋顶了。珊瑚又怎么会是黄金的叶子呢?它天生就是这样吗?"

郑成功发出一连串的疑问。

"只有在南海深处,才会有这样高大的珊瑚。在南海之滨,有人专以捕捞珊瑚为业,售卖高价,他们原本都是生活在海上的疍(dàn)户,最擅水性。他们寻找珊瑚的踪迹后,便潜到海里去,将整棵珊瑚撬起来,用绳子拴牢,船上的人合力将珊瑚拽出水面,装船运回。但整个过程务必小心翼翼,哪怕碰坏一点,都难入上品。"

管家不厌其烦,一一道明珊瑚宝树的来历。

"不入上品的该怎么办?"

"不入上品的,恐怕只能扔回海里去。府上这棵,算是上上之品。"

"那些金叶子是怎么来的,珊瑚枝上不会生金叶子吧?"

"至于那些金叶子，是请能工巧匠打造的，每片叶子的叶脉细看都是不一样的，造完叶子，再一片片安装上去。安装时要模仿出树叶生长的勃勃生机，多取明暗向背的劲姿，而不能有丝毫的呆滞之态。"

郑成功听了，惊得张大了嘴巴，半天说不出话来。

"其实这也算不得什么，海中出产的珍宝，倒也易得。只要是海里有的，府中都有，除了珊瑚，还有明珠、龙涎、玳瑁、鲸角、砗磲（chē qú），库中堆积如山。"管家不无得意。

郑成功难以相信，自己的父亲、那个被称作"一官"的人，居然积累了这样的财富，这超出了他的想象。在他心目中，父亲无疑是个大人物，而实际上，也正如他所想，甚至超出了他所想，他的父亲确实是个大人物。

"少爷，先到房中歇息吧，房间已经让人收拾好了。"管家轻声唤道。

郑成功把目光从珊瑚宝树上收回来，眼前还是闪耀着红与金两种明晃晃的光斑，挥之不去。他使劲晃了晃脑袋，硬是把眼前的那些虚影给甩掉了。

"真是一座神奇的庄园，神仙居住的地方也未必能赶上这里。"看着周围的风景，郑成功在心里暗暗赞叹着。

黄雀在树丛中飞起，狸猫立在亭子的琉璃瓦上，白兔出没在草丛之间……它们牢牢吸引着郑成功的目光。

议事厅外面，山石和溪流呈现出一派野趣。人工瀑布从假山上倾泻而下，水声激荡，风从树梢吹过，半空有枝条的碰撞声，点缀于其间的亭台楼榭，丝毫不显突兀，皆在恰当的位置。极目远望，只见奇花异草傍石而生，溪流清澈见底，蜿蜒盘旋，却不见围墙的阻隔，可见宅院之大。

其实郑成功看到的是真正的山水，只不过被圈进了宅院之中，成了内景，造园者因势利导，人工凿了山石的形状。山石背阴处又遍植兰草绿植，为庄园平添了几分幽静之气。把大溪流改造成若干小支流，改易流水的方向，使得几十步内可见流水。流水之上，架设石桥，栏杆上雕有狮子和麒麟，有的怪兽已被青苔覆盖。总之，在自然景观之上，再施以人工斧凿，这风景便达到了真假难辨的奇异境地。

郑成功听了管家的介绍，不觉啧啧称奇。如果没有管家的引导，他恐怕早就在这大宅中迷路了。

"少爷，您是老爷的长子，也就是这座庄园的少主人，将来老爷百年之后，您还要继老爷的位置，这里的一切也都是属于您的。"

管家看出了郑成功的惊诧，他知道郑芝龙接儿子回来的目的，是想把儿子放在身边，作为最信任的接班人来培养，正所谓"父母之爱子，则为之计深远"，郑芝龙希望儿子早日成为他的左膀右臂，百年之后，能够继承他的基业。

"我是少主人？那你听我的话吗？"郑成功仰着脸问管家。

"当然，当然听。"郑安俯着身子答道。

"那好，我要到那上面去。"郑成功指着远处半空中的一座瞭望楼说道。

"这……好吧，上面太高，我扶着少爷上去。"管家担忧地答应道。

瞭望楼是用于观察敌方情况的高楼。郑府的大宅实际上是一座城堡，也是郑芝龙的大本营，一派山光水色的背后却暗藏刀兵，只不过常人难以发现罢了。

主仆二人来到瞭望楼下，跟值事的兵丁打了招呼，接着从楼上放下来一个大竹筐，二人站到筐里，兵丁转动绞轮，将二人送到了最高处。

瞭望楼由一根大柱子支撑，楼上狭窄，有简易的屋顶用来遮挡风雨，值事的兵丁在此负责观察敌情。此时，太阳已经落山，红霞铺满西天，纵横交错的水道与远处的大海接通，水面上染透了金光。被水网切割出来的一块块方形的陆地，反而黯淡下去，深沉的暮色已经提前降临在陆地上，水网交织的航道显得更加清晰。

在水上讨生活的人，对陆地的认知原本就是模糊的，在日本千里滨长大的郑成功，对水有着天然的亲近感。这次从日本泛海归来，在他幼小的心中，更添了几分对水的好奇——原来那些水是道路，却又比道路平滑，船行驶在水面上，全然没有阻碍。

瞭望楼突然一阵摇晃，管家郑安高大的身躯赶紧靠了过来，郑成功看得出神，并没理会。管家站在郑成功身边，见郑成功被夕阳下的水道吸引，不禁说道："水路是财源，看，金灿灿的，都是金子的颜色。"

郑成功侧过脸来望着他，若有所思。

"水路中间的那些陆地，都让房屋填满了，还有人进进出出，那是些村镇吗？"

"那些房子和土地，也是郑府的一部分。那边是奴婢的房子，他们负责宅院的日常饮食起居；另外一边是百工的驻地，他们主要负责造船、造兵器；再远处是兵营，是练兵的地方。"

管家尽可能细致地作了解答，以满足孩童的好奇心。

"原来郑家的产业这么大，房子连成了片，简直望不到边。"郑成功自言自语道。

"其实不止这些，安平镇只不过是个弹丸之地，暂时用来歇船而已。少爷可还记得刚才乘船进来的那条水道？那条水道可以通到老爷的卧室门口，老爷从卧室出来，就可以直接上船出海，往北可到朝鲜与日本，往南可到交趾（zhǐ）、吕宋、琉球、满剌（là）加。"

管家说着，只见一条大船快速驶进了宅院，管家满脸喜悦地说道："少爷，那是老爷的座船，老爷回来了，我们快下去相见。"

两人再次站到竹筐里，兵丁摇动转轮，将两人缓缓放下。在暮晚的微弱光线中，一高一矮两个身影自上而下缓缓下落，没等着地，那个矮个的影子突然跳出竹筐，朝大门飞奔而去。高个的身影在后面追赶着，一会儿的工夫，两个身影便消失在层层院落之中。

父子演兵

郑成功回到父亲身边后，父子相处愉快，日渐亲近。

郑芝龙工作闲暇时，便带着郑成功各处游逛。闽中滨海之地，得山海之形胜，有奇峰绝壁，有野花幽树，有惊涛拍岸，有滩涂河汊（chà），有孤岛鲸波。每当郑成功疲累甚至要摔倒之际，父亲的手总会即时从身后伸出来，抓住他的胳膊或牵住他的手，给他有力的支撑。

父子整日相处的愉快时光，相比郑成功在千里滨时有趣多了。当初在母亲身边时，郑成功整日被圈在深宅大院中，犹如笼中鸟，颇受约束。而在父亲身边，却唤醒了他身为男子的野性。

转眼间，郑成功已经长到十二岁了，郑芝龙让人给儿子做了一副小盔甲，还有小弓箭和小矛，还有一匹小红马，郑芝龙练兵时，郑成功就骑马跟在左右。此外，郑芝龙还专门请先生教郑成功读书、写字。

这天清晨，父子二人点兵出演。信炮响起，先头部队已经来在帐前，呈扇面状排开，随后一分为二，中间让出一条道路，红毡在鼙（pí）鼓的催促声中徐徐打开。朝阳开起，所过之处满是耀眼的红，兵卒手持矛槊（shuò）很快拱卫在两侧。风从铁杆和尖刺间吹过，擦出了阵阵长啸。

兵卒侍立在红色的道路旁，风从海上吹来，把那红光吹拂到空中，随即贴近地面的低空中起了浓雾般的红晕，淹没了兵卒的膝，战马的腿，还有矛的杆，黏稠迟滞的气息在膝踝之间起落，众人陷入了长久的寂静空旷之中。

众将士等待之际，一匹白马缓缓映入眼帘，它缓步走在红毡上，显得悄无声息。马背上的白袍罩住里面的黄金甲胄，郑芝龙出现在雾中，他的身后，是紧紧跟随的骑着红马的郑成功。

天光还未完全放亮，在海边的平原上，黑压压的军队列开阵脚，郑成功看到无尽的人墙，还有他们身后的大河，河中的战船也一字排开。河的尽头，是宽阔的海面，有巡逻的哨船在海湾里逡巡，帆影点点，点缀在虚悬的天幕上，仿佛飘在半空中。

在众将的簇拥之下，郑成功随父亲打马掠过军阵。随着天色初明，兵卒的轮廓也都勾上了亮银的边。郑芝龙的部众到底有多少人？有人说有十万，也有人说有二十万。此外，还有战船三千余艘，船上双层甲板，配备了最新式的红夷大炮。

因郑家还收取海船的关税，因此富可敌国，所养之兵，不用朝廷开支，而是自筹饷银，待遇远高于朝廷，所以人们争相投奔郑芝龙。

此时的郑芝龙正是踌躇满志的时候。他手中的旗帜一分，瞬间喊杀声震天，旗帜一挥，众兵卒火速登舟。随后，船上落下吊桥，郑氏父子骑马从桥上通过，直达帅船。

帅船是郑芝龙的指挥所，船体庞大，船内能容纳三百余人，兵丁各司其职，分列于船的首尾和舷舱等处。眼见人头攒动，刀戟森严，俨然一座移动的堡垒，黑洞洞的炮口，高悬在黎明之际的海面上。

"大人，一切准备就绪。"副将前来报告。

"开船！"郑芝龙手中令旗向前一挥，高声喊道。

话音刚落，水面上就一阵骚动，升帆摇橹，呼喝连天。海上的凉风迎面吹来，号角在风中拖出悠长的音，爆豆似的鼓点适时迸发出来，将士精神为之一振，郑成功也将晨起的睡意全部抛到了脑后。战船开动，瞬间冲出河口，海面之上赫然开阔起来。

郑氏父子的大船冲在最前面。他们乘坐的是一艘双层甲板的乌船，配有二十四门可移动的红夷大炮，两厢各有两艘乌尾船护卫，船队紧随其后。郑成功回头一看，但见海面被横列的船队所覆盖，到处是桅杆的丛林，大船控住波浪，船头并列在一处，聚拢为一片可移动的陆地。向船队的左右两翼望去，却看不到尽头。郑成功见了也是惊讶不已。

兵卒早已搬出一大一小两把椅子，稳稳放置于甲板之上，郑芝龙和郑成功父子坐在船头。此时红日已经从海平面上一跃而起，攀到了高处，两边有人擎着伞盖，为父子二人遮挡阳光。眼望着船头劈开波浪，驶向大海深处。不多时，船队便行至东海之中，四下里是不见边际的大水，海面上泛着无数跳动的碎片，晃得人睁不开眼。

"森儿，你看，这些是太阳的反光，最是耀眼，于我军不利。"郑芝龙指着海面对儿子说。

"那些光会晃眼睛，但妨碍也不大，能看得清。"郑成功说。

"两军遭遇，一点小小的纰（pī）漏都能决定胜负，遇到反光、逆风，包括退入岬（jiǎ）湾，都是不利的，不能有丝毫大意。"

郑芝龙说完，令旗往左一摇，船队有了微微的倾斜，船上的人也在不知不觉中身子移位，再看水面上的反光，已然暗淡下去。郑成功惊异于这些细微之处的变化，原以为海上打仗就是猛冲猛打，原来还有这么多学问。

战船在水面上停住，放出了由竹竿搭成的简易船形竹排，竹排的头部全部削尖，便于分水。竹排上钉的木箱象征船舱，红色的帆布猎猎作响。

郑芝龙双臂向前合抱，双手各持一旗，战船两翼各有十只乌尾船鱼贯而出。船分两队，摆成一个人字形，人字的尖端朝后，开口向前，将飘散的竹排罩在了当中。

郑芝龙在帅船上点燃了信炮，一声尖啸后升上天空。战阵中的乌尾船闻风而动，炮手扳动炮口，对准离自己最近的木排，只听炮火齐鸣，海面上瞬间炸开数十道深坑，水花溅到空中，下了一场疾雨。

再看那几十只竹排，早已不见踪影，有些竹片的碎屑漂浮上来，原来，竹排已变成了粉末，波浪的顶端也都漂满了竹片，就在几分钟前，它们还是一只只完整的竹排。

这也是郑成功首次见识火炮的威力。

只见他从椅子上跳下来，跑到船头，扶着挡板，向海面上望去，口中惊叹不已。

郑芝龙也站了起来，来到儿子身后，他指着前方的乌尾船说："森儿，这是乌尾船，坚固而又迅猛，最适合突击，船上的火炮都是最新的红夷大炮，火力最猛，无坚不摧，还能调整炮口方向，精确瞄准目标。当今世上，估计找不到比这更好的火

郑芝龙在帅船上为郑成功演示火炮
的威力。

器了。"

"方才这一队乌尾船出击，摆的好像是个人字形，船走了那么远，队形还很整齐，居然一点都没乱。"郑成功说。

"这种阵势叫麾角阵，可以用来包抄敌人小股的船队。"郑芝龙讲解道。

随后，舰队中又放出一只大竹排，较之前的竹排更为宽大，竹排上披红挂彩，顺风疾驰而去。郑芝龙用手点指道："这就好比是敌人的首领，乘船逃走，我当以雁行阵将其歼灭。"这次出动的战船横向里排摆开来，整齐向前。雁行阵犹如雁群在空中横列，覆压千里，又能互相借力。果然，在密集的火力之下，敌船瞬间灰飞烟灭。

郑成功在船头拍手叫好。

郑芝龙又指挥舰队演练了十余种阵法，然后下令收兵。

"父亲，如何才能记得这么多阵法，这些阵法又该如何操练？"郑成功看得有些眼花缭乱。

"为父这里有一卷珍藏的《水师战阵图》，其中有历代水师的旧制，又有新创，森儿可照此图一一学得，至于其中的奥秘，将来还得靠你自己带兵操演体会。"说罢，郑芝龙郑重地将阵图放到儿子手上。

自右往左展开阵图，但见彩绘的战船组成各式阵形，旁边注明兵卒和炮火的配备，还用虚点画出了战阵变化的轨迹。每一图后附一篇图说，详述该战阵的使用之法，各式旗语与战阵的变化一一对应，只要学会这些旗语，就可以指挥船队，纵横海上。

郑成功不由得心驰神往，抱着阵图看得入了迷。

在返航的路上，郑成功一直在看《水师战阵图》，不知不觉间已回到岸边。大船登岸，郑芝龙见了，暗自欢喜："吾儿真有志于此矣！"

回到府中，郑成功命仆人找来一个木盆，在盆中注满水，拿平时玩的几只小木船，放在水面上演练阵法。水盆外擎起几台高烛，水面上顿时有了波光。小船的船头都指向前方，他手中的小旗一挥，众船向前——当然，是他用手推着向前的。

有只船掉队了，他赶紧回身来救，哪知因用力过猛，掀出了大股水柱，溅到了地上。在他的布置之下，战船排列为各式阵形。他凌空抓起木船，随意安放，又摆出了属于他自己的新阵形。

当晚，郑成功一直玩到深夜，他的两只小手泡得发白，手指也起了皱，木盆里的水多半溅了出去。直到父亲前来催促，才恋恋不舍地怀抱阵图而睡。

在他的梦中，卷轴中的战船都活了过来：战船摇头摆尾，分开波浪，沿着阵图上的虚线轨迹，往返奔袭，似战马般疾驰。他本人站在海面浪峰上，却不会沉没，而战事紧急，他虽感惊奇却无暇顾及。突然，敌方的一艘大船超过众船，一马当先冲了过来，绘在敌方船头上的猛兽也张开血盆大口，对他怒目而视，似乎在说："纳命来！"

郑成功一惊，跌下了浪峰，醒来才知是做了一个梦。

那卷《水师战阵图》早已从怀中滑落在地上，触地后自动展开，一直从卧榻绵延到门口，仿佛一条大道。

这时天已经放亮，门外有光亮照进来，画卷上的一艘艘战船无比鲜艳可爱。看着看着，那些战船都动了起来，呼啸着向身后倒退，他耳中响起了隆隆的号角声，仿佛又回到了海上的战阵之中。

堪为大木

    郑芝龙为了培养儿子，专门请了名师。在家塾内与郑成功一同读书的，还有二三十名郑家子弟。

    这天午后，郑成功来到家塾，刚刚落座，先生便给出了题目，命众学生按题目作文章，题为《小子当洒扫应对进退》。这本是出自《论语》中的句子，是指年轻人应该学会打扫房间等家务，通晓迎送客人的礼仪。

    塾师本意是想让学生们各作一篇道德文章出来。郑成功对此颇为不屑，他提笔写道："汤武之征诛，一洒扫也，尧舜之揖让，一应对进退也。"说的是商代的君主成汤、周代的君主武王姬发，他们平定天下易如反掌，就如同洒水扫地一般，而尧禅位于舜，从容淡定，就如同招待客人的言谈和礼数。

塾师看了文章，大为惊奇，洒扫、应对、进退本是"修身"的内容，郑成功却借以指代"平天下"的道理，大有举重若轻之意。

塾师便对人说："此子虽年幼，其志向不在小，他日当有志于天下，不会是科举功名之人。"尽管如此，郑成功十五岁时，还是以优异的成绩考中了秀才，成为南安县学里的二十位廪膳（lǐn shàn）生之一。这廪膳生，指的是成绩名列一等的秀才，由政府按时发放膳食补助，名额也有定数，明代廪膳生的名额，府学四十人，州学三十人，县学二十人。能成为廪膳生，在当时是一种令人羡慕的荣誉。

郑芝龙的故友王公觐（jìn）到郑府做客，看到郑成功言谈举止不俗，不禁对郑芝龙赞道："令郎是英杰人物，就算是芝龙兄，将来只怕也难与令郎相比了。"

郑芝龙听了，一笑而过，并不以为意，因为这样的恭维，他听到的实在太多。不过，他听塾师说起儿子学业有长进，倒也留了意，准备找机会考一考儿子。

这天早上，刚下过一场雨，空气中还飘散着红松木的芬芳。郑家父子到港口去看一艘新造成的战舰。

父子二人脚踩着木屑，径直来到战舰下面。这艘战舰除了安装双层甲板，还装有更为强劲的龙骨，同时搭载三十六门重炮，可说是当时最先进的战舰了。

为了让战舰顺利下水，战舰底部事先铺满了圆木，圆木铺成的道路一直延展到海中。战舰在众人的合力推送之下，缓缓向海中滑行，一会便稳稳浮在水面上。有人在船头燃放鞭炮庆祝。

战舰在一团喜气中成功下水，水手们打起精神，配合默契，一时间橹桨鼓荡，帆篷飞动，整条战舰行得甚疾，绕着海湾转了一圈后回到码头。随着风帆的降落，被遮挡住的阳光重新照到地面，众人眼前为之一亮。又是一阵鞭炮齐鸣。

郑芝龙见景生情，想考察一下儿子的功课，便对郑成功说道："森儿，我们以大船的帆和橹为题，为父出个上联，你对个下联，如何？"

"好，请父亲出对。"郑成功听出父亲想要考察他的所学，心中一动，也想在父亲面前显露显露。

"我这上联是'橹速不如帆快'。"郑芝龙侧身望着帆布。

众将中不乏饱学之士，人群中有人喝彩"好上联"。这一联颇难对，字面上看似说摇橹不如风帆快，实际上还有谐音，暗含着三国时的鲁肃和西汉时的樊哙（kuài）这两个历史人物，同时还藏有对历史人物的评价，旨在说明"文臣不如武将"，实在难对。

郑成功不禁皱眉思索，忽听得军中奏乐声，灵机一动，便对出了下联："笛清还需箫和。"

众将又是一阵喝彩。

原来，这个下联不仅暗通乐理，还暗含北宋名将狄青和汉代丞相萧何，同时又说明武将虽强，但也需文臣的配合。父子二人的对联，所提到的尽是名将贤相，古来杰出的英雄人物。郑芝龙对儿子的下联深感吃惊，没想到儿子小小年纪，已经颇有捷才，他手捻（niǎn）须髯（rán），颔（hàn）首微笑。

"侄儿才思敏捷，将来必成大器，真是我郑家的千里驹。"叔父郑鸿逵（kuí）摸着郑成功的头，对兄长郑芝龙高兴地说道。

"看来森儿确有长进，我当为他寻个更好的先生。"郑芝龙心里暗自思忖，忽然间想到了一个人。

郑芝龙想到的是文坛泰斗、人称"虞（yú）山先生"的钱谦益，此人号牧斋，是当世饱学之士，名震东南。他读过的书，不知有多少；下笔作文，顷刻间洋洋万言。论学问，堪称独步当世。

"森儿，虞山钱牧斋与我是故交，近来他在南京国子监讲学，送你到他那里去念书，你可愿意？"郑芝龙问儿子。

"父亲，我愿意！久闻钱牧斋先生的大名，如能跟随他读书，必有进益。"郑成功喜道。

南京国子监，位于鸡鸣山南麓（lù），是名闻天下的学府，其前身可以追溯到三国东吴时的建业太学，在明太祖朱元璋的提倡下得以兴盛，全盛时期有近万名学子在此求学。

国子监设有学堂、宿舍、食堂、仓库、水磨房、菜圃等，讲学者皆为当世博学大儒。国子监的招生来源，一是民生，二是官生。民生是由府、州、县学保送上来的"岁贡生员"，即普通人家的子弟；官生则是贵族勋臣子弟和部分外国留学生。郑成功当属官生。郑芝龙还写了亲笔书信，由郑成功转致钱谦益。

郑成功入学国子监时，已不见当年全盛时期的壮阔景象，而就在这一年（1644）的春天，李自成攻破北京城，崇祯皇帝自缢。紧接着，清军入关又赶走了李自成。

山河惊变。

钱谦益、马士英等人在南京拥立福王朱由崧即位，是为弘光皇帝，欲效仿南宋旧事，进可恢复旧都，退可占据长江天险，偏安一隅。

郑成功在去往南京的路上，就听到传言，说北兵即将南来。据说军队所过之处，鸡犬不宁，人人自危。这时节，北方虽已刀兵滚滚，而江南却仍是旧时风月。满山花鸟虽娇艳婉转，却也暗藏危机。

到了国子监，郑成功便去拜见钱谦益。一路寻来，来到一间书斋旁，但见窗户开着，一位老者正在临窗读书。老者六十上下的年纪，头戴东坡巾，花白须髯垂在胸前，面瘦而目明，他手里擎着一卷书，目光起起落落，频频点头，不时停下思索，提笔在书上做标记，随后又继续读下去。

他的身侧摆放着白玉砚，砚中一汪黑墨闪闪发亮，笔架上挂着两支毛笔，旁边还有两封写好的书信。靠近窗口处，书堆叠成了山，摇摇欲坠，书页中插着密密麻麻的纸条，纸条垂下，在风的吹拂下，这些纸条像一片草丛，随风起伏，纸条上的字迹，也跟着来回飞动。

郑成功心想："这定是钱牧斋先生了，果然是宿儒的风度。"

想到这里，他来到门前，轻声问道："敢问可是钱牧斋先生？"

窗口中的老者闻言放下书卷，转过头来，望着外面，见门外立着一个年轻人，相貌堂堂，英俊而不失威仪，不由得暗暗叹道："好相貌。"转而道："正是钱某，小兄弟如何称呼，找我何事？"

"学生乃郑芝龙之子，特来向先生求教，先生乃海内大儒，今愿从先生学习，得遂所愿。"说罢，郑成功在门外叩首，钱谦益赶紧出门相搀，将郑成功让进了书斋。

钱谦益看了郑芝龙的书信，折叠起来后，再次放回信封。又看了郑成功带来的文章，仅翻了几页，便深为嘉许："你的文章直陈时弊，大有澄清宇内之志。如今国事日非，缙绅之流却醉生梦死，有目而不能见，有耳却不能闻。你本是官宦子弟，却有这般见识，实在难得。"

郑成功侍立在侧，听到钱先生的称赞，忙道："先生过奖，学生实在愧不敢当。"

这时日已西移，窗棂上的几枚光斑，从树叶缝隙中透射过来，随着风势忽隐忽现。一只黄莺飞来，落在窗台上，歪着脑袋向室内张望，它的金黄毛羽，在阳光里燃成了一团火焰。郑成功扭头看它时，它腾地飞走了，窗台上的积尘，留下它纤细的爪印。

钱谦益看到郑成功文章上的署名"郑森"二字，沉吟片刻，抬头对郑成功说道："你名叫郑森，妙极。森者，树木丛生之貌也，大树密集之处，才称得上森，低矮者，只能算是野草之丛，难为梁柱。我给你起个字吧，就叫大木，大厦将倾兮，一木独支，如今社稷崩坏，流贼破京师，先皇殉国，又有吴三桂引清兵入关，占据京师，半壁江山落入敌手。天下扰攘，正是多事之秋，今幸福王已在南京即位。你虽年少，将来却也要做这样的大木，成为国家的栋梁之材。"

"大木，大木。"郑成功嘴里喃喃地念着，绕着几案走了一圈，不觉喜上眉梢，于是躬身施礼道："真是个好字，可与'森'相呼应，又有先生的殷殷期冀，从今而后，森即大木，大木即森，多谢先生赐字。"

"如今有志之士，皆志在恢复北方，你当有志于此。"钱谦益拿出一函兵书，交与郑成功，"这是我的好友茅元仪辑录的历代兵书之大成，名曰《武备志》，举凡古今用兵之术，攻伐战守之道，尽在此中，你可认真研读，将来必有大用。"

"谨遵先生教诲。"郑成功恭敬接过书函，感觉沉甸甸的，第一册有茅元仪的自序，落款是"天启辛酉夏日，茅元仪撰"，掐指一算，原来是二十三年前写的。往后翻看时，见书中有阵法、兵刃及火器的图形，心中暗喜，又看到"处承平之日，其孰能之"的句子，不禁感慨唏嘘。

钱谦益对此言道："连年征战，生灵涂炭，当年太平无事的时候，哪知会有此大乱。前者我游岳武穆祠，见有人题诗曰：'钱塘曾作帝王州，武穆遗坟在此丘。游月旌旗伤豹尾，重湖风雨隔鍪头。当年宫馆连胡骑，此夜苍茫接戍楼。海内如今传战斗，田横墓下益堪愁。'我爱这句子，辞采壮丽，不输古人，便记诵下来，可为今日时局之鉴。"

"好一句'海内如今传战斗'，当真痛切，不知是何人所写？"郑成功问。

"开始听人说，是一书生游岳武穆祠时的题壁之作，后来才知道，是一女子假扮书生所写。这样的女子，怎能不令人且敬且愧？"钱谦益道。

"着实令人敬佩！"郑成功赞叹道。

师徒二人又谈论了时局，研习了文章，不知不觉间，天已擦黑。窗外的森森古木，挺拔的身姿被窗口截成数段，但是它们的根部却深扎于地下，树梢早已伸向天空。

赐封国姓

　　弘光皇帝朱由崧在南京即位之后，无所作为，所任用者，多是无能之辈，当时南京城有一则谚语："都督多似狗，职方满街走。相公止爱钱，皇帝但吃酒。"清朝的豫亲王多铎（duó）挥师南下，攻扬州，破南京，兵部尚书史可法等人殉国，弘光帝被俘到北京，次年惨遭杀害，前后总共当了八个月的皇帝，俨然一场大梦。

　　令人意想不到的是，钱谦益率领弘光朝的众大臣出城投降，跪倒在尘埃之中，不仅接受剃发，还接受了清廷礼部侍郎的官职。

　　此时郑成功身在闽中，听说此事大吃了一惊，没想到自己敬重的老师会降清。这时，郑成功的父亲也没闲着，他在福州拥立了唐王朱聿键为南明第二位皇帝，是为隆武皇帝。郑芝龙因拥立有功，被隆武帝封为平虏侯，掌握了军政大权，不久又晋封为平国公。郑芝龙的三弟郑鸿逵也因拥立有功，被封为定西侯，不久又晋封为定国公。郑芝龙的四弟郑芝豹被封为澄（chéng）济伯，侄儿郑彩被封为永胜伯，郑氏一门皆官居极品。

日本的田川家听说郑芝龙如今已经飞黄腾达，便派人送其妻田川氏回到福建，一家人终于得以团聚。

清兵压境之日，弘光帝身死，钱谦益出降，而郑氏一门却因拥立新帝而成为公侯之家，甚至还迎来一家人大团圆的喜事。

接连的大变，在郑成功原本平静的生活中掀起了巨大的波澜，他不知该悲还是喜。在经历剧变的最初几天，他一直郁郁寡欢，而母亲的到来，让他喜出望外。喜悦之余，思及前事，多有困惑不可解之处，尤其钱谦益的投降，令他备感痛苦。他北望南京，心想："恩师为何铸成如此大错，这还是那个教我立志恢复大明河山的恩师吗？"

相对于郑成功的郁郁寡欢，他的父亲郑芝龙近来却是人逢喜事精神爽。这一日，郑芝龙找来郑成功，"森儿，为父要带你觐（jìn）见皇上，也可使皇上知我郑家有佳子弟，你可愿意？"这是郑芝龙有意给郑成功做引荐，以作为将来进身之阶。

郑成功知道父亲的心意，他早就听说隆武帝有着诸多传奇的经历，也想亲眼见见这位新皇帝，于是随父亲一同入朝。

此时的福州城，已改为"天兴府"，寄托着"天兴大明"的美好寓意。郑家在福建经营多年，叶茂根深，小朝廷的军政大权，早已落入郑芝龙兄弟的手中。郑氏族中的子弟，也都地位显赫，不可一世，能保持常态的似乎只有郑成功了。

隆武帝的皇宫设在原福建布政司衙门，稍显僻陋。衙门前影壁上的獬豸（xiè zhì）浮雕，因来不及更换，临时用绣了金龙的红布遮住了；屋顶的瓦片也换成了琉璃瓦；路旁的树木，包括石狮子的脖颈，皆缠绕上了黄绫子；兵卒手里的刀戟（jǐ）上也裹了团团红线，随着身形的走动，晃出了一团团红光。

父子俩来到殿外，郑芝龙先入殿见驾，郑成功在门外等候。

此时骄阳高照，他站在檐下的阴影中，望着满院炽（chì）烈燃烧的阳光，犹如一片火海；象征帝王威仪的黄绫子，也有些散开了；兵卒在烈日下垂着头，汗水顺着脸颊往下流淌。谁曾想，这新朝的气象，竟然如此衰落。

郑成功正在感慨之际，忽接到皇上宣召觐见的旨意。

郑成功跨过门槛，进了大殿。这大殿原是布政司衙门的大堂，撤去了"肃静""回避"的衔牌，换上了金瓜武士，布政大人的公案也换成了金光闪闪的御座。皇帝身穿黄袍，端坐其上，两个宫女分列左右，各执一柄日月扇，长柄交叉，扇面上绣着金龙和海水。

大殿陈设虽然简陋，倒也有堂堂威仪。郑成功不敢抬头直视，趋步上前，便叩拜下去，皇帝起身，扶起了郑成功。这时郑成功抬起头来，只见隆武帝头戴金丝翼善冠，面如满月，黑髯垂在胸前，身穿黄龙袍，似与自己的父亲年龄相仿，约四十岁的年纪，颇有慈祥之气，细看就能发现两鬓

（bìn）的霜色。

郑成功早就听闻，这位隆武皇帝平生坎坷多难，自少年时便因家族内斗而身陷囹圄（líng yǔ），后来出狱，袭封王爵。在崇祯朝，他曾招兵买马，起兵勤王，犯了"藩王不掌兵"的大忌，虽有战功，却仍被废为庶人，囚禁在中都凤阳，再度受牢狱之灾。及至弘光帝登基，才得以出狱。北兵来时，曾四处奔走避难，栖栖惶惶（xī xī huáng huáng），无有宁日。

如今唐王被郑芝龙等人拥立为帝，前明旧臣多有指摘，认为其为旁支远脉。作为明太祖朱元璋的第二十三子朱桱（jìng）之后，他的登基也令诸多近支藩（fān）王不满。在浙江绍兴自封为"监国"的鲁王朱以海，甚至派兵攻打朱聿键；清军听说残明又立了一个皇帝，也调兵遣将，纷纷向福州聚拢。隆武帝就在这样的环境中即位，可谓内忧外患，艰难异常。

隆武帝有才略，是南明诸帝中罕见的贤者。郑成功还听闻，前者福州城中搜出二百余封通敌信件，原来是城中文武官员为了给自己留后路，与清朝暗通款曲。隆武帝拿到信件后，并不拆看，当即命人在殿前将信焚烧。

众人不解其意，隆武帝说："大兵压境，诸君想保全妻小，乃人之常情，将这些书信烧掉，表示朕不疑诸位，愿自今日起，君臣勠（lù）力同心，共同抗清。"有过通敌行为的官员大都面有愧色，其中不少人幡（fān）然悔悟，从此断绝和清军的联系。就连郑芝龙也感慨："皇上确有非常之胸襟。"郑成功听父亲提起，也是啧啧称奇。

短短的一瞬间，隆武帝也在细致观察郑成功，见他相貌奇伟，器宇轩昂，富有英气，且又在少年，正是振翅腾飞之际，不禁大为喜爱。他拉着郑成功的手，又拍着郑成功的背，由衷说道："真是大好男儿，一表人才，可惜的是，朕没有女儿可以许配给你，实在可惜。"说罢，连连叹息。

郑成功站在那儿，不知该如何是好。

"也罢，朕虽然没有女儿许配给你，但也可稍补遗憾。"隆武帝说罢，当即传旨，赐封郑森为国姓，也即朱姓，赐名为"成功"，因此后来人们又称之为"朱成功"，亦称郑成功。郑成功被赐封为国姓之后，民间则多称之为"国姓爷"。

隆武帝不仅赐予郑成功国姓，还封他为忠孝伯、御营中军都督，车驾仪仗等皆参照驸马，还加封郑成功为宗人府宗正，管理皇家宗室的事务，而这一职务，往往是由皇亲来担任，看来，隆武帝是将郑成功当驸马一样看待。

一连串的加封，郑芝龙在旁暗自高兴，郑成功也大受感动。

谢恩之后，隆武帝上前把他搀扶起来，又对郑成功说："你应当为大明效力，切记、切记。"

郑成功再向上叩首："臣谨记，不敢稍忘。"

1646年二月，清军征南将军贝勒博洛率军由浙江进入福建，郑芝龙、郑鸿逵及黄道周等随同隆武帝移跸（bì）延平，驻扎在延平府署。当时的隆武帝想实施与湖南相联络的"出汀入赣"战略，并下诏亲征，却被郑芝龙煽动延平数万军民呼号拦驾，未能成行。原来，郑芝龙想的是"挟天子以令诸侯"，不想让皇帝落入其他地方豪族之手，故而导演了这样一出戏。

隆武帝心知郑芝龙欲挟持自己以增强实力，

甚至有通敌纳降之意。正在彷徨无计之时，郑成功上了条陈，内侍呈进来，隆武帝打开折子，眼前为之一亮，不由得微微颔首。条陈中列出了"据险控扼，拣将进取，航船合攻，通洋裕国"等条目，条目之下还有细则，都是因地制宜的可行之策。

隆武帝再三读过，不禁感叹道："郑成功果然有韬略，见识之高低，原本不在年齿之长幼。"当即传旨，命郑成功以忠孝伯挂招讨大将军印征讨清军，这便是郑成功涉足军政之始。从那以后，郑成功读书求学的生涯中止了，迎接他的是金戈铁马与刀山剑雨的生活。

郑成功觐见皇帝，君臣叙礼已毕，隆武帝赐座，郑成功落座以后，见皇上满面忧容，从御座上站起，随后又坐下。郑成功见状，站起来问道："陛下闷闷不乐，是不是因为我父亲存有异心？"

隆武帝闻言，只是叹息，并未答言。这小小的延平县衙，临时充当行宫，清军随时可能攻临，而他的身侧却是掌握兵权的权臣郑芝龙，他贵为一国之君，反而人微言轻，形同傀儡（kuǐ lěi），可谓落魄至极。古来落魄的皇帝，恐怕只有汉献帝与之相仿。就在前几天，众臣上朝议事，因福建天气炎热，君臣皆流汗不止，郑芝龙拿着折扇，扇来扇去，呼呼作响，全然未把皇帝放在眼里。

户部尚书何楷当即指责郑芝龙无人臣之礼，隆武帝对此也无可奈何。

没过几天，何楷被匪徒割掉了一只耳朵，据说是郑芝龙暗指使人干的，却查无实据。

"无故伤我大臣，实在骄横至极。"隆武帝想到这里，焦躁如困兽。

郑成功向上叩首道："臣受陛下厚恩，当以死捍卫陛下，若我父亲有异心，我自当舍孝而全忠，请陛下勿疑。"

隆武帝听了，身子微微一震，在来回踱步中停下来，感叹道："爱卿真算得上骐（xīng）角。"意思是劣父生出了贤明的儿女。

说完，君臣二人相顾无言，殿内安静下来，只听得窗外风声回旋，吹得窗纸上的碎片扑棱棱作响，长久不得安宁。这恼人的杂音，正如这动荡不安的时局。

这时，门外突然传来马的嘶鸣声，只见兵卒牵进一匹马。

隆武帝一惊："有兵卒牵马来，莫非北兵又到了？"

郑成功安慰说："陛下莫要惊慌，北兵刚吃了败仗，暂时已退却，我军正四处布防，眼下很安全。"

隆武帝道："那这马匹是做何用？不是给朕准备的？"

郑成功说："不，这是臣的马。此来是向陛下辞行，我的母亲尚在安平镇，前者她从日本来归，因水土不服，近几日卧病在床，微臣心中不安，想回去看望。"

隆武帝听了，双眉紧锁："眼下正是多事之秋，卿怎可舍朕而去，万一有事，朕当依靠何人？"说罢，不禁落下泪来。

郑成功见皇上伤感，也不由得落下了眼泪："臣七岁辞别母亲，独自回国，一别十五年，前些日刚得团聚，哪知母亲又身染重病，臣报效陛下的日子还长，只怕孝敬母亲的日子却已不多，因此敢向陛下告假。"

见郑成功言辞恳切，隆武帝只得点头应允。哪知道这一别，竟然会是永别。清军南来，江南烟花之地，终将夷为焦土，身世飘零的皇帝，正如风雨中的浮萍，无处躲避。

父子分途

清军集结兵力，准备再攻福建。

郑芝龙听说之后，谎称有海寇攻打后方，于是带兵匆匆撤离。

隆武帝无奈，只得遁入江西，想去湖南投奔湖广总督何腾蛟。不想走到福建汀州时，被清军俘获，随后在狱内绝食而亡。

此时的郑芝龙，本想保存实力，继续在闽广一带经营自己的海上帝国，这本是商人逐利的本性。就在这时，清人抛来了橄榄枝，许他闽广总督之位，而且为他铸好了总督印信，就等郑芝龙来降。

看到吴三桂、洪承畴等人投降后都加官晋爵、身居高位，改换门庭之后，照样高官得坐，骏马得骑，比原先还要得意，郑芝龙居然心动了。

他想，只要能保住这海滨之地，管他是大明还是大清。郑成功听说父亲有意归降，急忙赶来，到了父亲的书房，推门便入，早已顾不得什么礼数。此时坐在太师椅上的郑芝龙，正看着一封书信，怔怔（zhēng zhēng）出神。身旁镂空的金炉中龙涎（xián）香的青烟蜿蜒而出，凝成笔直的线条，源源不断地向上攀升。郑芝龙迷失在这温热的烟雾中，许久也没动一下。

郑成功的闯入，打破了室内的安静，香炉上那道竖直的青烟，也被郑成功带进来的气流给扰乱了，烟柱节节断裂，随后化作粉末，烟雾弥漫，香气四处流溢。父子近在咫尺，中间仿佛隔了一层薄雾，看不真切。

时年四十二岁的郑芝龙，不再是当年横行海上的那个少年了，他的眼角已经有了密集的皱纹，长髯垂在胸前，末梢深陷在衣纹深处。

见儿子进来，他吃了一惊，抬头望着郑成功："森儿，何事惊慌，怎么如此鲁莽（mǎng）？"

郑成功开口便道："父亲莫做糊涂事，闽广是沿

郑成功听说父亲有意归降，急忙
赶来劝说。

海之地，地势起伏不大，不像北方，骑兵难以随意驱驰，如果我们以海外贸易的收入做支撑，选练士兵，收拾人心，或可扭转局势，何况虎不能离山，鱼不能离水，为何要自投罗网，受他人摆布？"

郑芝龙拂袖而起，不置一言。桌上的书信露出一角，落款处正是已经投奔清人的洪承畴。

原来，这是洪承畴写来的劝降信。

洪本是崇祯朝的蓟（jì）辽总督，兵败被俘后即投降清人。清军入关后，洪便随军效力，用旧时的人脉，四处招抚明将。

洪承畴与郑芝龙是同乡，自然不会放过这个立功的机会，自从清军攻破浙江以后，洪承畴的书信就像雪片般飞来，落到了郑芝龙的案头。

郑成功扫了一眼，便知端的，说道："皇上待父亲不薄，我们背水一战，恢复中原也未可知，闽广总督之位，不过是缓兵之计，等到四方平定之时，岂会有所谓的独立王国，想必洪承畴、吴三桂之辈，只不过因他们投降最早，清人许以高官厚禄，是给后来者看的，料想将来他们未必有好下场。天下荡平之日，也就是兔死狗烹之日，到那时，恐怕父亲就再也享用不到这龙涎香了。还望父亲三思而后行，万不可中计呀！"

郑芝龙急转过身，大声喝道："放肆！我是你父亲。"

郑成功自知失礼，忙退后两步，躬身噤声，不敢抬头。

见儿子有所收敛，郑芝龙也缓和下来。郑成功低着头看到父亲的两只脚迈入了视线之内，忽然停下，双脚向外张开，立在地上不动。

郑芝龙开口道："皇上舍我而去，去投奔何腾蛟，不知到了何处，如今他擢（zhuó）用文臣，时时想压制我郑氏一族，是人所共知的事情。现在我们又何必为了他背水一战？当年为父从海上起家，最终投向大明，正是权宜之计，不想颇受礼遇，乃至掌管一省兵马，兼有外洋事务，才有了这番家业，当时若与朝廷作对，哪里会有今日？"

郑芝龙顿了顿，接着说："况且清廷许我闽浙两省，相当于划地而治，有这三省滨海之地，可图海外贸易，必将胜于往昔。"

郑成功说："请父亲明鉴，正所谓此一时、彼一时也，当初大明四方忧患，自顾不暇，外有清人虎视眈眈，内有流寇作乱，因此无暇南顾，父亲得以平定海疆，是为大明解了危难，父亲拥兵不下二十万，且不用朝廷军饷，皆由我们自己供给，若在太平年月，朝廷岂能坐视不理？"

听完这番话，郑芝龙沉默半晌，竟无言以对。儿子的话句句在理，让他无力反驳。郑家的崛起，确实是在乱世趁着四方扰攘、朝廷自顾不暇之际，才在东南一隅变得树大根深，若在太平时，恐怕朝廷早来裁撤他了。

郑芝龙终于开口："郑家的庄园田产遍布闽浙，共有二百多处，为父怎忍心舍弃？如今我去投诚，且看那边待我如何，若得优待，家业得以保全，再来召森儿一道前往。"

"万万不可！父亲勿以家产为羁绊（jī bàn），身外之物，如何能坏大局？"郑成功泣道，郑芝龙却再次背过身去，只看着窗外的一丛花树，不再答话。

窗外是一株石楠，开满了白花，耀人眼目，当真是繁华盛极。有人只顾贪看这眼前的繁华，却不知花期有限，最兴旺之时，也是衰败的开始，过不多久便会凋零，聪颖如郑芝龙，不是不知这番道理，他心中所想的，却是要强行挽留住一树繁华，虽明知不可为，也要拼力一试。

郑成功见劝说无效，只得暂且告退。刚出了书房，便跟叔父郑鸿逵撞了个满怀。

"贤侄何事惊慌？"郑鸿逵站定问。

"叔父！"郑成功上前抓住叔父的胳膊："叔父，父亲不听我劝告，执意要去投降清廷，恐怕是个圈套，父亲如果一去，我家从此怕是要败落了，求叔父前去规劝。"

郑鸿逵点点头，对侄儿的话深为赞许："我此来的目的，也正是想规劝兄长。"

说罢，推门而入，直言道："兄长已经位极人臣，手握雄兵数十万，海上舳舻（zhú lú）千里，只要兄长振臂一呼，天下必然响应，为何要去投靠清廷，仰人鼻息度日？"

郑芝龙道："天下大势已经不可逆转，清人已经得了天下的三分之二，若此时归顺，彼许我做闽浙之主，到那时，我郑家基业仍在，你我兄弟仍然共享富贵，既可明哲保身，又可福荫（yìn）子孙万代。"

郑鸿逵一番劝说无效，只得起身告辞。出得门来，见郑成功还在窗外等候，便道："你都听到了？"

郑成功点点头："都听到了，父亲执意要这么做，看来我们要早做准备，以防有变。"

郑鸿逵在地上跺了一脚，愤然离去。

两天后，郑芝龙带着家眷和亲随五百人去投降清廷。郑芝龙哪知，清人不像大明那样重用他，等待他的却是刀俎（zǔ）和罗网。

这天早上，郑成功听说父亲要带人出城，扑过来拉住父亲的马头，却被郑芝龙挥鞭拨开，看来，郑芝龙是铁了心要归顺清人。郑成功坐在大道中央，以手拍地，高叫："可惜！可惜！"

郑芝龙似乎并没有听到，一行人催动车马，掀起连天尘埃。郑成功眼睁睁地看着父亲的背影远去，他不敢相信，这还是当初那个疼爱他的父亲吗？父亲的青年时代，经营四方，威震海上，不想有了家业，却畏手畏脚起来，竟然有些糊涂了。

这一次分别后，父子二人再也没能见面，又是一场永诀。

郑芝龙来到清军大营后，清朝征南大将军博洛表面上盛情款待郑芝龙，背地里却对手下说："郑芝龙也是一方豪杰，狡黠而有智略，如今他来归降，只带亲随家眷，不带大队人马，这是有观望试探之意，若放他回去，恐怕再生变故，该如何是好？"

博洛的副将近前来施礼："末将有一计，他在福建的大队人马群龙无首，不如挟持郑芝龙北上，让他发号施令，劝降旧部。如此，就可让他们不战而降。"

于是，博洛假意安抚郑芝龙，半夜却突然下令，拔营起寨，连夜回北京。博洛心中打着如意算盘，带回郑芝龙便是大功一件，东南半壁的屏障已经形同虚设，他却不知道，郑芝龙还有个勇猛的儿子郑成功，正在磨刀霍霍，准备复仇。

郑芝龙在睡梦中被清兵叫醒，命他穿衣启程。他揉着睡眼，不知发生了什么事情。清兵前来推搡（sǎng），郑芝龙刚穿上一只袖子，另一只袖子还在半空中虚晃，一推之下，不禁后退几步，险些倒在地上。

"不得无礼！"

有一人赶到，原来是全身戎装的博洛。

他进门来向郑芝龙拱了拱手："惊扰先生清梦了，因有紧急军务，须连夜拔营起寨，兵卒无礼，还望先生海涵。"

说完，博洛望着那个兵卒，呵斥道："还不退下！"

兵卒躬身施礼，随后退在一边，紧盯着郑芝龙。博洛再次拱了拱手，出了营门。随即，四下里人喊马嘶，原本寂静的夜晚顿时乱作一团。

郑芝龙上马后，家眷也早被叫醒，一行人在夜里赶路。他们的前后左右都是清军，四下里望不到边际。耳听得马蹄嘈杂，身后女眷啼哭，哭声、马蹄声，此起彼伏，更为此行增添了几分哀戚。

郑芝龙带来的五百随从也早被收了兵刃，被分散清军之中，这五百多人的队伍进了清军大营，仿佛水珠淹没在大海之中，踪迹难寻。

深夜的星空光华灿烂，郑芝龙抬头观看，却寻不见月亮。当初他在海上，就是在同样的星空下辨别方位，指挥作战。如今，他脚下不再是熟悉的甲板、起伏的波涛，而是绵延无尽的山峦和丛林，还有偶尔出现的农田茅舍。来到了内陆，他的本领无处施展。

就这样，郑芝龙刚到清营，还没等睡个完整的好觉，便彻底失去了自由。一路上，博洛表面上礼数周全，却暗藏杀机。一到北京，郑芝龙就遭到了软禁。这时他想起儿子的话，只有悔恨而已。

怎奈后悔已经晚了，清廷正要以郑芝龙为诱饵，来钓东南半壁江山这条大鱼。听说郑芝龙在北京遭到软禁，本想一起去投降的郑家旧部，全都生出了警惕之心，不愿自投罗网。这正是博洛的失策之处。

拒不降清的郑成功，自从父亲决意降清之后，就开始暗中活动，积极联络父亲的旧部。叔父郑鸿逵不愿随兄归降，率部去了金门。原本就主战的那些人，更是群情激愤。

郑芝龙一走，群龙无首之际，人们都将目光投向了郑成功，希望他能出来主持大局。

闽中暗流涌动，在众人的焦虑与期待中，郑成功即将浮出水面。

焚烧儒服

郑芝龙不知道，在被博洛挟持北上的同时，博洛派人突袭安平镇。郑芝龙的弟弟郑芝豹弃了大宅，带着金银细软和家眷去海上避难。郑成功的母亲田川氏留在城中不愿离开，因在乱军中不堪受辱而自尽。

身在延平的郑成功闻报，痛彻心肝，急忙赶往安平镇。

清军一场洗劫之后即撤军，留下一堆残垣断壁。战火之后，道旁被烧秃的树木，兀（wù）自冒着青烟。一个伤重的农人，靠着树干低声呻吟。一条黄犬从远处慌慌张张地跑来，躲避地上流溢的余火，显得不知所措。

郑成功顾不得这些，他拼命往郑家的大宅跑去。

往日梦幻般的城堡，变成了瓦砾的废墟。在遍地死尸中，郑成功找到了母亲的尸骸（hái），扑上去痛哭失声，几度昏厥。最后，他甩开随从的胳膊，摇晃着站起来，指天立誓说："我父已经投降，清军却又袭击安平，真是虎狼之心，我定决战到底！"

母亲的死，让郑成功从一个翩翩佳公子，变成一个统兵征战的将军。

他安葬了母亲，从安平镇回来的路上，心中已有了打算。

这一天郑成功推开两扇朱漆大门，径直来到孔庙正殿前，只见孔子的塑像居于大殿正中。塑像之前摆着"大成至圣先师之位"的牌位。孔子浓眉长髯，两掌叠放，左手在外，右手在内，这是一种失传了的古代礼节。但塑像上面蛛网密布，像是给夫子裹了一层白纱。

郑成功走到近前，用手扑打蛛网，一时间蜘蛛滚落，纷纷逃逸。

郑成功叹道："堂堂孔庙竟然破败到这般地

步。孔夫子当年也是生逢乱世，周游列国而不见用，彷徨无计可施，可见乱世之中，儒学是难以廓清天下的。"

从正殿出来，门前有一片开阔地，旁有魁（kuí）星阁，里面供奉着魁星神像。魁星是主管文运之神，天下的举子都希望一举夺魁，高登龙门，因此都要祭拜魁星。

魁星阁里还竖着一通石碑，碑的正面是用细线刻出的魁星肖像。那是一个单脚站在鳌（áo）鱼头上的怪神，周围是波浪翻滚的大海，正所谓"独占鳌头"是也。魁星形如鬼魅（mèi），手里拿着笔，据说，被他的笔点中的人便会高中。在魁星的头上，北斗七星的光芒闪耀，将那一方神秘的世界照亮。

当初入县学之时，郑成功也和众学生一道，在县学教谕（jiào yù）的带领下，来在魁星阁下，向魁星的画像施礼。教谕拈香设拜，众学生跟着照做。只是当初，在他们上方的魁星，显得阴森可怖，向着众人投来审视的目光，寒芒从每个人的脸上扫过。如今再看这魁星，郑成功却觉得有些滑稽。天下举子也真是志短，一心汲汲于科考，将命运交付于这个怪物，岂不荒谬。想到这里，他摇摇头，打胸口发出一声短促的叹息。

魁星阁门外有两株大松树，自上而下垂着扭曲的枝杈，墨绿色的针叶，似乎也凝结了一层浓重的悲愤，愁云重重如盖，罩住了孔庙上面的方形天空。阳光在松针之间落下，洒下一些尖锐的光斑，在地上忽聚忽散。

郑成功看得有些出神。

孔夫子和魁星，原本是两种身份和形象，却与孔庙比邻而居。孔子温文尔雅，魁星狰狞（zhēng níng）可怖，孔子在四海之内劝学布道，魁星在海上独占鳌头。郑成功心想："生逢乱世，孔夫子无济于事，如今恐怕只能效法这魁星，去海上独占鳌头了。"

郑成功在松树下站定，环顾四周，见高墙之上已经生出了野草，它们在风中左右摇曳（yè），想必是风把种子带上去的。脚下的石板路被行人摩得锃（zèng）亮，连石板的缝隙中也嵌满了野草。自从北方起了刀兵，闽中人人自危，县学里的学生也都各自散去，四处避祸，如此一来，孔庙的破败，就在所难免了。

当年，郑成功入南安县学，并成为南安县学的二十位廪膳生之一，在孔庙拜孔子时，众生鱼贯而入领取儒服的景象如在昨天。短短几年时间，却风云突变，天地翻覆。

他转回身来，对众随从说道："昔年我入县学，戴儒冠，穿儒服，读圣贤书，如今天下大乱，国破家亡，随便一件兵刃，都可将这儒服刺穿，随便一双皮靴（xuē），都可将这儒冠踏碎，儒生手无寸铁，当如何自处？"

孔庙中悄无声息，随行的众人不知该如何回答。

松树深处有雀探出头来，朝众人张望，却不敢出声。就听郑成功接着说道："刀已经悬在头顶，随时都会砍落下来；剑已经横在脖颈，随时都会斩杀过来，我要这儒服还有何用？快拿出来吧！"

在郑成功身侧，一名随从早有准备，听到郑成功的吩咐，嘴里应了一声"是！"，随后捧出一个红木托盘，上面摆着一件叠得整整齐齐的青布儒服。

儒服上面，摆放着一顶儒冠。这正是郑成功当年读书时穿戴的衣冠。

随从将托盘高高举起，衣冠悬在半空中。

郑成功抬手摸了摸儒服，棉布的纹络苍老而又温厚，领口处已有微微泛白的迹象。穿戴多年的旧物，早已暗淡无光。兵火四起，当初的同学少年，音讯全无，生死未卜。

看罢多时，他终于放下手来，把托盘往外推了推，随从会意，托着儒服和儒冠，倒退到浓绿的松树下面。

郑成功面对众人，朗声说道："诸位，记得唐人杜甫有诗曰：'纨绔不饿死，儒冠多误身。'我生在富贵之家，从未忧虑过生计，若逢太平盛世，或许会钟鸣鼎食，虚度一生。王荆公诗云：'愿为五陵轻薄儿，生在贞观开元时。斗鸡走犬过一生，天地安危两不知。'可如今皇上已崩，父亲被囚，母亲身死，教我以忠义的恩师也已开城投降，这天地安危，岂可不知？眼下风云突变，国破家亡，就在转瞬之间，怎能不令人惊骇？"

众人听了，面面相觑，各自点头称是。郑成功说："国破家亡者，又何止我一人？"

他望着众人，在人群中看见了部将甘辉，便问道："甘将军，你家中如何？"

甘辉泣道："老父在乱军中受惊而死，幼子被杀。"

听甘辉这么一说，触动了众人的心事，诸将皆是劫后余生，无不咬牙切齿，更有顿足捶胸者，想到清兵的杀戮，众人无不激愤。

郑成功接着说："诸位，外不能抵御强敌，内不能保全家小，正所谓百无一用是书生，我今日要在先师孔子的面前，将这儒服烧掉，以此明志。从今以后，专事刀兵，誓报国仇家恨，待到太平之日，再重拾书册，也不为迟晚。"

在先师孔子像前，郑成功燃起三炷香，三股青烟顿时从香头蹿出，烟尘四溢。郑成功朝上拜了三拜，将香插到香炉之中，命左右取了笔墨，坐在大殿一侧的石桌旁，在黄纸上挥笔写道："昔为孺子，今为孤臣，向背去留，各行其是。仅谢儒衣，祈先师昭鉴。"写罢，掷了笔，双手捧起黄纸。

黄纸上的墨迹还未干，郑成功便命人拿去，同儒服儒冠一起焚烧，表明与过去做个了断。

郑成功心中念道："孔夫子在上，弟子遭逢国破家亡，不能任人宰割，古有班超投笔从戎，从此以后我不再穿戴儒生的衣冠了，倘若天遂人愿，能够恢复中原，我定再穿旧时儒服。"

火苗燃起的那一刻，儒服的棉布立刻扭曲、变形，经历着剧痛，在火中挣扎，袖子先是隆起，而后又塌陷，仿佛一具力气耗尽的躯壳，内中藏着的是旧日的精魂。

郑成功见了，竟觉得有剧痛从那儒服上传来，熊熊烈火的灼热与炙烤，仿佛烧在了自己身上。

出奇的是，黄纸上的字迹，墨尚未干，仍是湿的，字迹雄劲，隐藏其中的悲愤之情盘旋缠绕，久久不能焚化，人们看到那些字在火苗中上下飞舞，暗自心惊。它们仍保持着字形，在蒸腾的热流中飞上了天空。众人抬起头，望着那些残破的笔画飞走。

再看郑成功的脸上，有火光在跳跃，瞳孔里映照出两团火焰。那火焰正在秘密传递，转眼间，跟随郑成功的二十余人眼中，都燃起了熊熊火焰，那不断升腾的火焰，分明是胸中的怒火，最终连成了

郑成功当着众人的面，亲手烧掉儒服
和儒冠，誓与清兵抗战到底。

一片。

焚了儒服，郑成功长揖而去。

走出孔庙，回头观看，孔庙的檐角扬起，揳（xiē）入了天空，锋利的阴影触目惊心。郑成功抬手指着那些余烟对众人说道："那就是过去的我，已经不复存在。"

在南安县文庙的魁星阁旁，今有纪念碑，上书"郑成功焚青衣处"七个大字。一株历经三百余年岁月的古松，是当年郑成功焚烧儒服的亲历者，它曾经目睹了那个场面，至今仍枝繁叶茂。而那指天立誓的年轻人已经消失在历史的长河之中，空留一段遗恨，惹人追忆。

从孔庙出来，郑成功像是换了一个人，仿佛凶神恶煞附体，他带着众人，打马疾奔，径直赶往南澳。

这里曾是郑芝龙的一处大本营。郑成功在南澳收罗旧部，又得到了张进、洪旭等父亲旧将的支持，众将一致推举郑成功为主帅，并随他一起下海抗清。

在海上，不愿投降清人的郑家旧部纷纷来归，包括大明的遗臣以及沿海的抗清力量也聚集到了郑成功的麾下。不久即有近十万之众，继续招兵买马，举起了抗清的大旗。

誓不降清

郑成功起兵之后，先在南澳征兵，随后泛舟至厦门，与部众筹划抗清。不久又联合了郑彩、杨耿等父亲旧部，一举攻破了海澄、九都等地，一路势如破竹。

恰在这时，郑成功的叔父郑鸿逵前来支援，他对郑成功说："安平地僻，无险可守，陆战极为不利，出海则易，不如我出兵帮你攻打泉州。"

郑成功深以为然，于是叔侄合兵一处，攻打泉州。

泉州城池高峻，城中早有防备，郑成功叔侄急切之下未能攻克，于是退兵，积草屯粮，准备再度出征。

1648年十月，郑成功在海上颁布《大统历》，仍尊奉隆武帝朱聿键的年号为正朔，定该年为隆武四年。因在海上消息难通，此时郑成功还不知道，桂王朱由榔（láng）在广西肇（zhào）庆即位，是为永历帝，因此这一年又称为永历元年。这一年，郑成功兵锋甚盛，所过之处，江南士人纷纷响应，南方局势为之一新。这时，清廷命郑芝龙写书信劝降儿子。郑成功见了书信，便道："我听说父亲教儿子做人的道理，从来只是教儿子做忠臣，却没听说一个父亲会教儿子做贰（èr）臣。如果父亲在北方遭遇不测，身为人子的只能披麻戴孝而已。"

面对郑成功的回复，郑芝龙也无可奈何。他对身边的人说，"看来东南一带局势不明，森儿不会轻易放手的。"过了一阵子，郑芝龙又说："他不降也好，降了也是和我一样，在北地坐井观天而已。"

知子莫若父，以郑成功的性格，当然不会放手。此间郑成功又整顿兵马，在海澄、漳州两地连败清军，将闽广控制在自己手中，清军难以染指，便又想到了招降。

郑芝龙在幽禁之中，再次得到清廷的命令，让他的亲信李德带着书信，去见郑成功，要求郑成功投降，如他一时不愿降，可先将鲁王朱以海交出来。

这位鲁王封地本在山东兖（yǎn）州，父亲死后，两位弟弟也同时殉难，两年后朱以海嗣位鲁王。一个月后，李自成攻占北京，计划兵发山东，于是朱以海逃到浙江台州，曾在绍兴被拥立为监国，虽未称帝，但摄行皇帝之事，与在福州的隆武帝朱聿键分庭抗礼，互不相让，于是闽、浙便各出现了一个政权。浙东被清军攻占，朱以海败走舟山群岛，被清军追上后，再逃至金门依附郑成功。此时，郑成功仍尊隆武帝朱聿键为正朔，鲁王朱以海愧于兵败，自己取消了监国称号。

郑成功看到父亲来信要让他献出鲁王，知道是清廷的意思，清军入关以后，顺治皇帝登基，因其年幼，由摄政王多尔衮（gǔn）总揽朝政。

郑成功心想："清廷有个小皇帝，还是个乳臭未干的娃娃，想必这又是多尔衮的奸计。"于是把鲁王藏了起来，谎称鲁王并不在此地。

李德无功而返，清廷见计策不成，没过多久，又派李德和另外两名使臣，带着封给郑成功的"海澄公"大印，以及清廷浙闽总督刘清泰的亲笔书信，前来劝降。郑成功撕开信封，抖出信纸，见信上写道："如今天下大势已定，足下何不顺天应人，前来归顺？近来四川、湖北一带捷报频传，两广也已归顺，足下偏据海角一隅，纵然有战船为凭借，却难有分茅裂土之实，如能幡然悔悟，便足以安慰令尊的思念之情，且能封爵，位列公卿，封妻荫子，岂不美哉？"

郑成功看了书信，只是冷笑，然后将印信原样退回，接着兴兵骚扰福兴泉漳四郡，以绝清廷招安之心。

半年以后，双方相持之下，郑成功一举攻破了漳州长泰县，大败清将陈锦，之后又在海澄趁着清军渡河之际，用火攻的方式大破清军。清军接连遭遇两次大败，一时无力再战，郑成功这边也是人困马乏，清廷趁机派来了使者前来议和，双方休战。

这次来的使者，与之前略有不同，有内院学士叶成格，理事官阿山。和他俩一起来的，还有郑成功同父异母的弟弟郑渡。此行以"议和"为名，表示清廷愿意将漳州、泉州、潮州、惠州割让给郑成功，双方休战。

与此同时，清廷封郑芝龙为同安侯，郑成功听说以后，对众将说："这又是清廷笼络人心的小技，简直如同儿戏。"

使臣到来之前，郑渡作为前驱，先行一步来与郑成功相见。

兄弟相见，百感交集。

郑渡开口便道："大哥，你就归顺了吧，清廷对父亲不薄，刚封了父亲做同安侯，在北京受到厚待，享受荣华富贵，所遗憾者，便是兄长在此，不能团聚，现有父亲书信在此，请大哥过目。"

郑成功道："父亲不听我的劝告，如今得个空头侯爷，有甚可喜之处？无非因为我还没有投降。若待我投降之日，恐怕就是全家引颈就戮之日。如今我有带甲兵士几十万，若要劝降，且问问他们答不答应。"

郑渡听了，一时语塞，不知该如何是好，只得将父亲的书信递上。

郑成功拿过书信看了一眼，言道："恕难从命，如今我早就以身许国，父亲的命令，我是难以答应了。"

郑渡听了，跪下泣道："父亲如今身在虎口，若兄长不降，父亲恐遭不测。"

郑成功搀起弟弟，反问道："贤弟方才不是说父亲在北京享受荣华富贵吗，怎么转眼间又说身在虎口，岂不是自相矛盾？"

"这……"郑渡一时语塞，不知该如何回答。

郑成功心中恼怒，面上已微微泛白，却未置一词，只是在心里默默道："吾弟实在愚钝，居然为仇敌说话，来做说（shuì）客，看来这个弟弟，今后也形同陌路了。"

随后，两个使臣来到，在旗罗伞盖之下，气焰甚是倨傲（jù ào），手拿着诏书，口称敕（chì）命，鼻息之中简直要喷出虹霓。郑成功见状，抬手要拿诏书，使臣严词拒绝说："此为皇上的敕命，绝非寻常书信，若能剃发归降，才可跪接诏书。"

郑成功用手点指使臣，叱道："真是无稽之谈，贵使明明是来议和，怎成了招降？"

两个使臣见状，也不答言，向后一挥手，众随从调转马头，一行人带着郑渡回了泉州。

郑成功用银枪指着使臣远去的尘埃，笑着对众将说道："忽焉而来，忽焉而去，可知其意，真拿我当三岁孩童了，显然是缓兵之计，趁机修整兵马再战。他们回到泉州，滞留不去，无非想看我的虚实罢了。"

回到营中，郑成功命左右取来笔墨，致信父亲郑芝龙，书信中大意说："儿先前不敢与父亲通书信，恐相连累，今日便借书信聊表心志。先前使者来招降，带了海澄公的大印和信，近来使者来议和，许诺割让泉州等四郡，却是画饼之技，想效仿当初骗取父亲的旧计，儿今日已经名闻四海，岂能做苟且之事，贻（yí）笑于天下。父亲已经落入清人的圈套中，能保全至今，实在是幸事，若遭遇不测，儿只有起兵为父亲报仇，别无他愿。"写罢，郑成功命人将信封了，送给泉州二使臣。

二使臣接了信，回京复命。

清廷见信大怒，决定将郑芝龙圈禁在高墙之内，将郑芝龙的弟弟郑芝豹流放到东北的宁古塔。

果不出郑成功所料，郑氏族人的凋零，即将拉开帷幕。

郑成功看破清人的诡计，叱走了来议和的使臣。

浙闽总督刘清泰不死心，又寄来书信，劝道："足下占据海角，舞动兵戈，乃至忠孝不能全，令人深以为憾，足下在波涛之中，自以为功名富贵便可唾手而得吗？如今大军已经压境，而我还是力主招抚，不然大军一过，草芥不存，悔之晚矣，望足下三思！"

郑成功收到信，轻蔑地笑道："我知刘清泰其人，祖籍辽阳，本是汉人，却归附清人，被编入正红旗，跟随清军入关，不以为耻，反以为荣，接二连三在此聒噪（guō zào），真是俗不可耐，还用大军压境来吓唬我，真是小瞧了我。"

部将陈辉答道："这狗官巴不得立一大功，以为鼓动唇舌，就可不战而屈人之兵，真是痴心妄想，他自己满脑子的功名富贵，却道别人也和他存一样的心思，真是井蛙之见也，大可不予理睬。"

郑成功听了，深以为然，便置之不理。刘清泰的如意算盘也落空了。

清廷屡次招揽郑成功不成，不禁恼羞成怒，命郑亲王的世子济度为大将军，来攻郑成功。郑成功召集诸将议事，谋士冯澄世说："北兵擅长弓马，此番大举而来，又是一路取胜，锐气正劲，不可与之正面交锋。我军长处在于水战，不如退守厦门，坚守各岛，以我之长，攻彼之短，在海上一决高下，北兵都是旱鸭子，必定不如我军。"

"此计甚妙，我军坚壁清野，据守海上，看清军能奈我何。"郑成功说。

于是郑成功回兵厦门。果然如冯澄世所料，北兵汹涌而来，郑成功迁走百姓和财物，依仗海岛的地利以及楼船大炮对抗清兵。清兵习惯了陆地作战，到了水上，即便没有波浪，也觉得眩晕。当他们来到海边，见海上桅樯如林，战船的阵列覆盖住海面，一靠近就有火炮射出。清军束手无策，最终无功而返。

自此以后，清廷知道郑成功有意抵抗到底，便断了招抚的念头，不再谈招降之事，转而致力于攻打。经过几次交战，双方互有胜负，福建成为清廷最难啃的一块骨头。永历帝听说郑成功不遵父命，坚持抗清，也派人与郑成功取得了联系，并封郑成功为威远侯，不久又晋封为漳国公。

清廷见用郑芝龙难以招降郑成功，便将郑芝龙下狱，几年后郑芝龙遭到杀害。一代海上霸主，就此黯然收场。

扬威瓜镇

郑成功以一己之力，托起了东南半壁，时人称之为"东南柱石"。在与清军的交战中，清军弓马娴（xián）熟，善于陆地野战，而郑成功有着强大的船队，善于水战，双方战局一度陷入僵持。

当此之际，郑成功遣人去寻永历帝。此时永历帝已逃入云南，得到郑成功的消息后，感叹其忠勇，便加封郑成功为延平郡王，因此后人又称郑成功为"郑延平"。为捉拿永历帝，清军大举进攻云南，郑成功决定第三次北伐，遥相牵制，以缓解云南的压力，同时也可收复失地。

在此之前，郑成功还有过两次北伐，第一次北伐攻下了台州等地。清军听说郑成功北上，便用围魏救赵之计，去攻打福建，郑成功担心后方失陷，只得扬帆回师。第二次北伐，却是受阻于天灾，郑成功的船队在海上遇到了台风，船队受到重创，溺水而死者八千多人，其中还有郑成功的三个儿子。郑成功无奈，只得退回厦门休养生息。

在经过休整之后，郑成功决定进行第三次北伐，计划水陆并进，以船队为依托，北上攻取沿海州郡，进而攻占南京。南京曾是明太祖定都之处，江南地区的百姓仍心念大明，若能占领南京，各地摇摆不定的军阀也会纷纷来投，长江以南的地区便可不战而胜。

为了北伐，郑成功还颁布了几条禁令："不准奸淫、掳掠妇女，不许擅毁民房，不准掳掠男子为伙兵（防奸细投毒），沿海归顺地方不准混抢，不许掳掠、宰杀耕牛，不许借坐给牌商船。"兵士凡违犯禁令者，立即枭（xiāo）首示众，其所属的将领也要一同治罪。禁令一下，人人警醒，大军所过之处，纪律严明，秋毫无犯，百姓听闻郑成功的到来，箪食壶浆（dān shí hú jiāng）相迎，他们久受清兵欺侮，日夜盼望着明军打回来，收复失地。

永历十二年（1658）七月，郑成功与鲁王旧臣张煌言合兵一处，军威大震，手下带甲将士共计十七万，水陆骑射之兵俱全，尤以水战为优长。在练兵时，郑成功还特意选拔出一批膂（lǚ）力过人的士兵，他们个个能举五百斤，堪称大力士。郑成功命他们穿上特制的坚硬铁铠，浑身上下只露出两只眼，其他部位都在铁铠的覆盖之中，铁铠外面绘制红绿纹饰，扮作鬼神之形，显得狰狞可怖。他们身穿铁铠，手拿大刀，号称"铁人"，在阵前专门负责砍杀清军骑兵的马腿，成为郑成功军中一种独特的存在，敌人见了，不明就里，还以为是神兵天降。

郑成功指挥水师沿长江北上，舳舻（zhú lú）千里，旌旗蔽日。清军听说郑成功有意沿长江进军，已有了防备，在江上设好了防御工事，名曰"木浮城"，即联结大木为巨筏，筏上铺了土，可以跑马，大筏两侧还安有木栅栏，内中藏了兵士，设了大炮，俨然一座移动的城堡。木浮城顺流而下，横冲直撞，能将战船撞毁，火炮还可助力攻击，煞是厉害。

此外，清军还在金山和焦山之间横了铁索，铁索两端钉在山石上，凌空而过。铁索铺在江上，高出江面，号称"滚江龙"，船不得过。这条铁索，俨然水上长城，为的是锁住江面，阻挡郑成功的大船进入。

郑成功在船上探望清军在江面上的布防，突然，前方有哨船回来报信，说到木浮城和滚江龙的布防情形，郑成功对众将说："前方是瓜洲和镇江，堪称南京的门户，清兵在这里设防，更见瓜洲和镇江的重要，我们当冲破江面封锁，挥师直进。"

众将中有人言道："这木浮城和滚江龙煞是厉害，不可硬碰，该如何破解？"

郑成功笑道："很简单的事情，我们选出善于泅水的士兵，潜下江，砍断铁索，滚江龙可破。至于那木浮城，一团烂木而已，只是筏上有大炮，只要能诱其发炮，待其炮火将尽之时，我们再从侧面突进，清兵的木浮城自然溃败。"

清军出兵一万，在江上迎击郑成功。当郑成功的船队迎面逼近时，木浮城上的清军马上开炮轰击，郑军的船随即向后退却，保持在清军火炮的射程之外，使炮弹都落了空。稍做停顿后，郑军又向前进发，清军再度发炮轰击，郑军再次后退。如此反复数次，双方来回拉锯，郑军竟毫发无伤。

郑军的战法，令清军大为困惑，不知郑成功船队的意图。就在清军迟疑不定之时，横在江面上的铁索忽然从中间断开，只听得哗啦啦一声巨响，铁索顿时断为两截，沉到了江底，江心甚至一时出现了急促的旋涡。

滚江龙不复存在，江上的通道豁然打开。原来郑军船队到达铁锁附近时，在船尾暗中放下善于泅水的士兵，潜到铁索在江面中间最低的部位，善于泅水的士兵在水面之下锯断了铁索。

清军的大炮早已消耗殆尽，铁索一断，郑军发动猛攻，但见楼船巍峨，遮天蔽日而来，船头绘制的兽头，眼中露出凶光，喷吐着血舌，令人胆寒。清军木浮城上的弹药已经耗尽，又被郑军射出的火箭点燃，起了大火。木浮城上的清兵见大势已去，全部跳水逃生，郑军则用弓箭和长矛刺杀，江面顿时泛起了血水，清兵死伤无数。木浮城上的残木，也被郑军用钩竿钩起，拿到船上做柴火。

郑成功站在船头，他伸出右手，侍从递过来一支单筒望远镜，他拉伸镜筒，远处的战斗如在眼前。圆形的视野之内，皆是清兵拼力抵抗的场景。

看了多时，郑成功放下望远镜，拿过令旗，向前一挥，顿时人人向前，清军开始节节败退，在火炮的助力下，郑军一举攻克沿江的瓜洲，兵锋直逼镇江。

镇江守将自知不敌，赶紧向南京求援。两江总督郎廷佐得报，吃了一惊。镇江是南京的门户，瓜州已丢，若再丢了镇江，南京就直接暴露在郑军的眼前了。于是赶忙发去救兵，屯于江北，与郑成功隔江相望。

郑成功见援军到来，故意避其锋芒，指挥水师停泊在江南。而当清军屯兵到江南后，郑成功又带着水师停泊到江北。郑军水师行踪不定，忽南忽北，清军却在酷暑和大雨中来回奔波，疲惫不堪。

正当清军人困马乏之际，郑成功却带步兵登陆，清军见郑成功登陆，不由得暗暗心喜，郑军多为步兵，而陆战本是清兵之所长，清军出动骑兵，想以此冲破郑军的阵脚，待郑军阵势一乱，便可掩杀取胜。

不想郑军对清军的骑兵早有防备，先有"滚被兵"开路，只见他们顶着被子矮身突进，乃至匍匐而行，待清军的骑兵逼近，便卧在地上，用大刀去砍清军的马腿。战马失蹄，清军连人带马滚落下来，马上遭到砍杀。清兵骑兵顿时阵脚大乱，急忙向后退却，然后整顿马匹，再度发起冲锋，如此连续往返三次，骑兵损伤大半，滚被兵也多有损伤。

此时，郑军大船上忽有信号弹放出，一柱蓝色的光焰冲天而起，细细的一条，带着尖锐的呼哨，焰火升到半空之中，猛然炸开，碎片四下里迸溅。郑军兵卒见了，大举撤退，向着岸边跑去，似乎要退到身后的船上。清军以为郑军力量衰竭，不敢恋战，便趁机掩杀上来。

郑成功在帅船上，见清军骑兵杀来，将手中旗帜左右一挥，岸上的郑军忽然一分为二，分作两队，朝左右两边散开，随后都伏在地上，用棉被盖住身子，有的用双手捂着耳朵，中间留出大片空白，清军的大队人马正好暴露在郑军的火炮之中。

随机炮火连发，热浪翻滚，飞沙走石，清军瞬间伤亡千余人，紧急退到银山，坚守不出。

银山是镇江的门户，清兵在此坚守，也是为了守住镇江。郑成功知清军用意，便传令下去，命先前训练好的铁人夜间出动，攻打银山。

当天夜里，清军的营门外出现了一队庞然大物，个个身子滚圆，黑不透光，脑袋是个圆锥形，隐约看到脑袋上有黑洞洞的一双圆眼睛，不知是什么怪物。但见怪物们步伐整齐，向着营门逼近，走到近前才看到，这些怪物身上披红挂绿，眼睛眨动，俨然猛鬼。清军见了，很是惊怖，不敢出战，只拿弓箭乱射。箭镞（zú）射到铁人身上，火星直冒，奈何不得。

铁人继续推进，撞倒了清军兵营的木栅，逼得清军用白刃相击，铁人刀枪不入，清军畏惧，四散而逃。当夜，在铁人的冲击之下，郑成功又一鼓作气拿下了银山。

清军提督管效忠不甘失败，重整兵马，带着四千多人又来争夺，结果遭到炮击，伤亡惨重，最后仅剩百余人。管效忠连夜逃回南京，见到郎廷

郑军瞅准时机，向清军发起了猛烈的攻击。

佐，惊魂未定地说："郑成功果然凶猛，我自入关以来，身经百战，从未经过这样的死战，险些丢了性命。"

管效忠逃走以后，镇江守将献城而降，城楼上重新换了大明的旗号。

郑成功得了瓜洲和镇江，整顿兵马，准备再图南京。

痛失南京

南京是六朝古都，依钟山，临长江，尽得山川形胜之势。明太祖朱元璋打下江山后，便定都于南京，后来永乐帝朱棣起兵，攻陷南京，夺了侄子建文帝的皇位才迁都北京，但仍在南京留了一套备用的官僚体制，实际上是南北两都并存，足见南京之重。

江南一带反清势力暗流涌动，清军通过武力和收买，控制了一些州府，却难以深入。剃发令的推行，也遭到了来自民间的抵抗，百姓仍心念大明，还有一些地方军阀正在骑墙观望，摇摆不定。

郑成功一心想要夺取南京，也正是这个缘故。

新得了瓜洲和镇江，犹如扼住了长江的咽

喉，进可以攻，退可以守，从东海进入江南地区
的门户赫然打开。自古长江就是难以逾越的天堑
（qiàn），南京历来以长江为依凭，不想会有人从
长江口逆流而上，直接深入江南腹地，真是亘古未
有之事。

郑成功派人把守瓜洲和镇江，随后率水师逆流
而上，向南京进发。长江两岸的树木纷纷向后倒
退，郑成功站在船头，口占一首七绝，慨然吟道：

> 缟素临江誓灭胡，雄兵百万气吞吴。
> 试看天堑投鞭渡，不信中原不姓朱。

辞采颇壮，众部将听了无不叫好，郑成功随即命
人谱了曲，在军中传唱，以壮士气。一时间，所有的
战船上无不回荡着"不信中原不姓朱"的歌声。

这次北伐，可谓一路顺畅，郑成功扬眉吐气，
军中士气高涨。到了夜晚，船上点起火把，连夜
进军，松油烧得吱吱作响，江面映照着火光，如同
白昼。住在江畔的人家在夜里看到窗外明亮，打开
窗户，见远处天际线上起了红霞。人们纷纷走上街

头，探听消息，有人听到了风声，说是"国姓爷发兵来打江南了"。

到了南京城外，郑成功率部拜谒明孝陵，祭奠明太祖朱元璋在天之灵，次日聚集众将于观音门，与众将共议军情。

"若夺得南京，东南半壁可传檄而定。"郑成功指着地图上的南京对众人说道。

这幅地图为丝帛卷轴，图上施以工笔重彩，可见山川地势的形貌。南京的锯齿状城墙隐现在起伏的山峦间，长江横在城北，就像将大地撕裂的一个口子。郑成功的船队，正沿着这条裂隙西进。船舱之内，众将分列左右，众人俯身盯着桌上的地图。外面起了风，桌上灯烛晃动，地图上的关隘城阙（què）与山林草泽，也都摇曳不定，难以捉摸。郑成功在灯下伸出手来，南京城便在他的手影覆盖之中了。

这时有谋士进言："何不等待云贵的援军到来，待他们挥戈荆襄，然后顺流而下，与我军汇合，恢复中原有望。"

郑成功连连摇头："万万不可。云贵消息不

通，胜败未料，不如各自为战，方为上策。"众将听了，也都深以为然。

船队浩浩荡荡，终于逼近了南京城外。南京的最高军政长官是两江总督郎廷佐，也是清朝开国以来的第一任两江总督。这一日，郎廷佐闻报，急得在公案前走来走去，彷徨无计，只得传令登城，查看虚实。

在城中文武僚属的陪同下，郎廷佐登上北城，放眼望去，但见往日里奔涌的长江，有半截映着夕阳，另外半截黑沉沉的，原来是一支船队遮蔽了水面，不留缝隙，密不透光。定睛细看，隐约见到无数方形的船头涌动，船帆的黑幕切割着夕阳，再往东看，几乎望不到边际，郑成功的战船把半条长江塞满了。船上鸣放火炮，炮口火光一闪，炮弹飞到岸上炸开，顿时硝烟滚滚，随后听到惊天动地的巨响，城墙也猛地一颤。

郎廷佐见郑成功兵威煊赫，不由得倒吸一口冷气，急忙回到城中，召集文武官员，商议防御之策。前者从镇江败退的将领献计："郑成功锐气正盛，且长于水战，不可与之交锋，不如固守城池，等待援兵。"

郎廷佐无计可施，嘴里说道："郑成功兵多，城中兵少，若来攻城，想要据守，实非易事，不知能坚持多久。"郎廷佐的手下也是一筹莫展，苦思半晌，郎廷佐居然想到了一个主意，他提笔给郑成功写了一封信，信中写道："将军兴师远来，城中空虚，势不能敌，本当开城请降，然我朝有定制，守城若超过三十日，罪不及妻儿老小。如今我妻儿老小在北京城留做人质，不忍荼毒妻小，故请将军宽限三十日，必不负也。"

郎廷佐念了书信，文武官员皆以为大谬："郑成功怎会轻易相信这等话？"

郎廷佐苦笑道："不然还能怎样，为今之计，只能死马当作活马医了。"一面命人去郑成功军中送信，一面又修了加急的战报，命人骑快马去搬救兵。思来想去，又派人去拆南京城外的民居，将百姓撤到了城内，又命九门加强戒备，以免城中百姓与郑成功暗中相通，偷开城门。

郎廷佐这边忙得手脚不停，接连发出几十封文书，一时间羽檄四出，马蹄声消失在黑夜里。

郑成功接到了郎廷佐的书信，交与众将传观，众将议论纷纷。"分明是缓兵之计，不可轻信。"大将潘庚钟说："孙子曰：'卑词者，诈也，无约而请和者，谋也。'照此观之，确实是缓兵之计，莫要中了计。"

郑成功却说："我军自北上以来，攻必取，战必克，南京城内空虚，城池却异常坚固，易守而难攻，我军攻城器械不足，不可急攻，不如以攻心为上，暂且围困城池，待得三十天后，再做计较。"说罢，又取出地图，铺在桌上观看。

众人闻言，面面相觑，不知该如何是好。大营里灯火通明，照得众将脸上格外明亮，众人有诧异的，也有急躁的，还有的额上青筋暴起。

郑成功看了看众将，知道众将心中不满，便道："我军所擅者，是水战，前者破瓜洲和镇江，是借助水战之威，攻城拔寨，实非我所长，南京城墙高大且长，我军若攻城，兵将集中于一处，恐城中大军突出，偷袭我侧翼，则会一败涂地。今有郎廷佐愿降，且不论真伪，待围城三十日后，即便他不降，城中也会粮草耗尽，到那时，南京不战自溃。"

诸将还有力主攻城的，大将甘辉道："城中兵马几千人而已，城墙绵延，正是其破绽，我军择机掩攻，找到兵力薄弱之处，便可破城而入，战机就在眼前，不可拖延，此时不攻，待援兵一到，悔之晚矣！"

郑成功恍若不闻，站起身来，说了声"退帐"。甘辉等诸将顿足而去。

这时张煌言早已溯流而上，去了安徽，招罗归降的州县，占据了太平、宁国、池州、徽州等四府三州二十二县。将南京孤立起来。听说郑成功一路势如破竹，张煌言也来信力主进攻南京，郑成功力排众议，执意围城，将张煌言的信搁在一边。传令所部兵马扎下连营，围困南京城。

张煌言听说以后，连连叹息："若不此时进攻，待得援兵一到，与城中兵马里应外合，再图南京，就势比登天了。"

张煌言手下兵将不解其意："延平王为何会出此下策？"张煌言摇摇头："看来，他是连战连捷，开始骄傲懈怠了。"

消息传到北京，清廷知悉，朝野震惊。顺治皇帝这一年二十二岁，听说江南半壁即将不保，先是扬言要御驾亲征，后来为之气馁，又要回关外躲避，遭到他的母后孝庄皇后的痛斥，才打消了这个念头。

郑成功的军队在南京城外驻扎，时日久了，兵卒居然开始饮酒、捕鱼，全无防备，接连得胜后高涨的士气渐渐回落。郎廷佐侦知，心中暗喜。这时，崇明总兵梁化凤已率兵赶来增援，夜间偷袭郑军，郑军一触即溃，待得回过神来，欲做反攻之时，梁化凤已经收兵入南京城了。

几天后，梁化凤又带骑兵来战，占据山势高拔之处，纵马自上而下，势头甚猛。郑成功的部队猝不及防，又被冲得大乱。不久，郑军稳住阵脚，开始反攻，郎廷佐在城上见了，忙传令开东门，派出骑兵，绕到郑军身后。

经此袭击，郑军开始溃败，纷纷逃到江边，船在江中未至，郑军多有落水者。

郑成功军中的铁人急忙披挂上阵，哪知清军早有防备，先前镇江的败将已经述说铁人之形，披红挂绿，令人心生恐惧，实则多半赖于威吓，而行动笨拙，动转不便，难以长途奔袭，清军见铁人涌来，便策马急避，铁人追了一程，顿感力疲，身上的铁甲过重，而且天气炎热，太阳晒得铁甲发烫，铁甲内的勇士酷热难耐。这时清军折回，用斧和锤击打铁人，铁人受到巨震，头晕目眩，有的倒在地上，被清军抬到车上绑走。对付清骑兵的铁人，也宣告失败。

清军另有一路从水上杀来，趁着郑成功大部分兵马在岸上，船中兵将空虚，便顺流而下，去攻郑成功的船队。清军纵火焚烧了郑军的大小船只五百余艘，夜晚的长江上火光冲天，身上着火的兵卒痛叫，翻身跌入水中，人喊马嘶，江水为之沸腾，在混乱之中，郑成功在侍卫的拼死保护之下，退到了大船上，下令开船撤兵。

清军又追击一阵，直到郑成功的水师开炮，清军见炮火猛烈，不敢急追，才收了兵。南京之战，损失惨重，当为郑成功所经历的最大的失败。甘辉、张英、林胜、潘庚钟等大将阵亡，这些都是身经百战、不可多得的将才。他们的阵亡，如同折了

郑军围困南京一段时间后，兵卒放松了防备，
被增援的清军一夜击溃，纷纷向江边逃去。

郑成功的羽翼，水师战船也遭遇重创，一时难以恢复。

郑成功恸哭："是我之过也，不该轻敌，铸成大错！"

检点残兵败将，弃了瓜洲、镇江等地，出长江口。不甘心失败的郑成功原想夺取长江口的崇明岛，作为抗清的跳板，再图恢复，怎料大军新败，士气不振，崇明总兵梁化凤这时已回到崇明，带兵守城。郑成功命兵丁开炮，轰开了崇明的城墙，梁化凤派兵堵上了缺口。几经拉锯，居然未能攻下小小的崇明。有部将劝道："崇明小城，久攻不下，不宜耗费兵马。"郑成功听了，下令收兵。

经崇明一战，郑成功彻底放弃了长江，从长江口入海，黯然返回了福建。

郑成功的北伐之战，军威凌厉，原本令顺治皇帝都想放弃北京回到关外，谁料败得如此突然。这是一支水上的劲旅，到了陆地上，难免有进退失据之忧。不擅陆战，不擅攻城，是郑军的劣势，这一劣势，一直未能扭转。

战后的郑成功元气大伤，不但损兵折将，也折了不少战船。回师的海路上，郑成功望着残损的船帆，还有甲板上的炮坑，兀自嗟叹。

旗帜上残留着燃烧的痕迹，帅旗上用金线绣成的"郑"字，仍在晦暗中烁烁放光。受伤的将士呻吟连连，大船扬帆，借着风势疾速前进，而郑成功的心境，却难有畅快。环顾左右，不见了甘辉等大将，所剩的尽是平日里难当大用的偏将，不禁落下泪来。试想当初若拼力攻城，或许还会有一线希望，如今这希望也化为泡影。想起甘辉所说，悔不听其言。若从其言，即便不胜，也不会有今日的惨败。

从此以后，郑成功再也没能发动大规模的北伐，东南一带的抗清活动随即陷入低潮。见郑成功败退，原本归附郑成功的州县，又纷纷倒向清朝。南京城外的失败，使得大明王朝失去了最后的机会。

战机稍纵即逝。此后清军得知南京的紧要，开始增兵防御。与此同时，永历帝在云南被清兵追赶，被迫走入缅甸。南明王朝已成强弩之末，命悬一线。

厦门大捷

郑成功北伐失利，回到厦门修整。南京之战无功而返，郑成功派人送信给永历帝，请求贬去王爵，仍用招讨大将军印，继续反清。

稍做休整之后，为祭祀北伐中阵亡的甘辉等诸将，郑成功又建了忠义庙，举行祭祀时，郑成功痛哭道："若早听甘将军之言，何至于此……"

郑成功虽败回厦门，清廷却看到了南京之战的巨大威胁，郑成功带着船队在海上来去如风，东南半壁的门户大开，实在难以防备。于是清廷决定起兵，一举消灭郑成功的力量，最终平定东南。

顺治帝派出骁（xiāo）勇善战的满人达素为安南将军，闽浙总督李率泰为协从，征讨郑成功。心高气傲的达素还没到福建，便扬言说："厦门乃弹丸之地，很快就要成为第二个崖山了。"

永历十四年（1660）三月，达素抵达泉州后，开始筹划攻打厦门，明清之间的又一场大战即将拉开帷幕。

达素为了能一战而胜，为此重金收买了郑成功的厨师张德，想要其在郑成功的饭菜里投放孔雀胆，以毒死郑成功和他的部将。当张德在郑家酒宴上端出下过毒的美味佳肴时，因过度紧张，眼神闪烁，双腿战栗，终被郑成功识破，张德被处死。

厦门附近的海面上布满决战之前的紧张空气。郑军在岛上修筑防御工事，修缮船只，备足弹药。从北方来的清军精锐在泉州附近集结，各省水师也向福建方向聚拢，东拼西凑来的战船，加起来竟然也有上千艘。

这次讨伐郑成功的还有他手下的叛将施琅、黄梧，这两人之前与郑成功不睦，先后投向了清军。他们善于水战，熟知厦门的地形，当是郑军最大的威胁。

达素听说张德投毒不成，便拿出了他的作战计划，准备兵分两路，从南、北两个方向扬帆出海，夹击厦门岛。北路由达素、施琅率领小船队进攻，南路由李率泰、黄梧率领大船进攻。

郑成功闻报，得知这两路水师暗藏玄机。原来，北路水师的小船中暗藏清兵精锐，都是入关以来身经百战的将士，而南路的大型舰队上多为普通士兵用来佯攻，以便吸引郑成功的注意力，掩护北路水师进行抢滩登陆。

对于清军的举动，郑成功早已心知肚明。他对诸将说："诸位，清兵南北夹击，是想让我军首尾不能兼顾，若我主力向北，则清军大舰将在岛南突破我军防线，若主力向南，北路水师精锐一旦抢滩登陆，则势难抵挡。若我军兵分两处前去抵御，又兵力不足，南北两路敌兵，虚虚实实，互为奇正，果然是一条毒计。"

老将军陈辉道："事到如今，只能拼个鱼死网破，但如何打法，还请王爷示下。"

"没错，老将军言之有理。"

"跟清军拼了！"众将附和道，纷纷请令出战。

郑成功抬手制止了众人的吵嚷："当然是要拼

死一战，但如何打法，却不能草率。依我之见，我亲率主力舰队去南路迎击清军的大舰，余下的兵马船只去北路迎敌，务必死守，待我在岛南得胜，再来接应。"

布置停当，众将领命而去。只有陈辉留在帐中不去。郑成功见了，便问："老将军有何话说？"

陈辉道："如此布置，正合清军心意，北路才是其主力，南路只是佯攻而已。"

郑成功说："除此之外，别无良策，老将军岂不闻田忌赛马之事？以我上驷，速破敌军下驷，然后合力击其上驷，但求天遂人愿。"

陈辉听了，只得点头称是，回到军中调兵遣将去了。

当夜晚间，郑成功带了亲兵，去北岸查看防务，兵卒忙碌如蚁阵，新筑的花岗岩城墙，沿着岩壁矗立，扶着垛口向下望去，便是泛着银光的海面，波浪依旧起伏不断。

郑成功的目光从远处收回，望着城墙之下的海滩，除了波浪撞上礁石的声音，倒是一片寂静。但过不了多久，这里将会变成战场。

"此处地势颇为险要，却也不可掉以轻心，届时会有我方舰船在前方海面与清军交战，尔等需全力协同作战，不得让清军踏足半步。"

郑成功话音刚落，城墙上下的兵卒齐声高喊道："遵令！"

郑成功见士气高昂，甚为满意。

清军的水师说到就到。五月十日早上，由李率泰、黄梧率领的南路清兵水师，从海上蜂拥而来。李率泰本是辽东铁岭人，隶属汉军正蓝旗，随清兵入关后，颇有战功，升至总督，然而却不懂水战之法，实际上由黄梧指挥。黄梧是漳州人，在福建海滨长大，早年曾追随郑芝龙，精通海事，他选定的进攻时间，正是厦门岛南部洋流涨潮之时。他早已算定，这天早上辰时左右，潮水将会迎来大涨。

辰时一到，清军的舰队便出现在海面上，郑成功暗叫："不好！"这时潮水开始涨起，波浪翻滚，向着海岸层层推来，清军的战舰借着潮流的奔涌之势，向郑成功的舰队发起了冲击。

郑成功的舰队背靠海岛，面向大海，被潮水所逼，郑成功的船队处于守势，而清军却来势凶猛，

与清军交战前，郑成功查看防务，鼓舞军心。

舰船出没在波峰之上，弓箭和火炮一起射来，郑军只能在近海抛下锚碇（máo dìng），硬抗清军的冲撞，等待潮水退却，才能发动反攻。

黄梧带兵猛攻，先是夺走了郑军的几艘战船，然后又靠近老将陈辉的船只，一队清兵迅速攀上船舷，冲上甲板，眼看大船就要被清兵夺去，陈辉取来引火之物，将船点燃。

大火一起，陈辉和手下都跳到海里，他们从小在海边长大，水性极佳，只见他们扎到水里，瞬间爬上了远处的另外一艘战舰，继续与清军战斗。而登上船的清兵就没有这么好运，他们是北方人，多数不会水，不是被烧死，就是落入水中淹死。

战斗一开始就如此激烈，在经历了最初的慌乱之后，郑成功的舰队渐渐稳住了阵脚，而清兵在风浪中摇晃久了，开始有人晕船。郑成功的船上趁机发射红夷大炮，这大炮得自葡萄牙人，是当时世界上最为猛烈的火炮，不仅射程远、威力大，还能随时调转炮口，锁准目标，几十门红夷大炮同时开火，清军被猛烈的炮火压制，伤亡惨重。

就在南路打得不可开交之时，北路清兵也已杀到，在海上与郑军的水师展开拼杀，清兵采取急攻策略，一样慑（shè）于郑军大炮的威力，难以穿过防线，只得从侧翼另出一队，去攻打十几里外的浔尾寨，企图在此找到突破口。哪知此处地势险峻，礁石犬牙交错，难以登陆，郑军发现，暴露在低处开阔地带的清军，枪炮齐发，于是清军就成了郑军的活靶子，一个个倒在了海滨，血水染红了沙滩。

施琅见此处难以攻下，临时改变计划，又带一队水师绕到了厦门岛东部，避开了南北两个战场，在赤山坪重新开辟了一处登陆地。因此处淤（yū）泥众多，清兵船只多有搁浅，身穿沉重盔甲的清兵正在淤泥中挣扎之时，遭遇到陆上郑军和尾随而来的郑军水师的前后夹击，死伤大半，所剩无几。

这场激战从早上持续到中午，处于南部战场的郑成功见海面已经恢复平静，潮水即将退去，等待已久的反攻时机眼看就要到来。他按剑来到船头，俯视船侧的水流，然后抬起头来，拔出宝剑，举向空中，兵卒们见了，知道是反攻的号令，便借助着潮水的威力，六百艘战舰顺势而上，将清军舰队冲得七零八落。

海面上，清军的战舰或被击沉，或被抢攻而上的郑军夺下，落水淹死的清兵更是不计其数。只有个别清兵抱住破碎的船板，在海上漂荡，又被郑军用火铳（chòng）射杀。清军散落在水中的物资，被郑军及时打捞上来，得来的清军舰船也都补充到郑军的舰队中。

厦门一战，清军的八旗精锐丧失殆尽，自入关以来，从未有过这样的大败。达素、李率泰等主将跳水逃生，得以脱险。顺治皇帝闻报以后，大发雷霆，将达素、李率泰降职治罪，又另派洛托（tuō）为安南将军，再度出征厦门。

洛托接受任命以来，夙（sù）兴夜寐（mèi），不敢大意，前者达素新败，稍有不慎，即会重蹈覆辙。两个月后，洛托再次采用施琅的战术，避开郑军主力，选择从薄弱之处登岛，在海滩上与郑军展开激战。郑军依仗海岛地势，又有居高临下的猛烈火力，在海滩上打退了清军的进攻，清军又一次遭遇了大败。

清军在厦门连续遭遇两次失败以后，无力再

战，沿岸的水师也几乎被郑成功全部荡平，再无海军力量可与郑成功抗衡。此后二十多年，清军不敢再踏入厦门半步，满洲精锐的丧失，也使清廷日后不得不依靠汉人绿营军来征战。为了防御郑成功的反攻，清廷实施了更为严厉的海禁政策，沿海各地居民内迁五十里，将原有房屋村舍焚毁，不许渔民越界捕鱼，违令者斩。

郑成功为了解决粮草给养问题，于是将目光投向了厦门以东的台湾，听说台湾土地肥沃，物产丰富，便想进入台湾耕种屯田，发展贸易，再图恢复。

智取台湾

　　此时的台湾，已经沦为荷兰的殖民地。

　　16世纪中期以后，美丽富饶的台湾开始成为西方殖民主义者觊觎（jì yú）的对象。西班牙、葡萄牙等列强先后侵扰台湾，或掠夺资源，或进行宗教文化侵略，或直接出兵占领。

　　17世纪初，荷兰打破了西班牙和葡萄牙人的殖民霸权地位，来到东方，积极参加对殖民地的掠夺，先后于明朝万历三十年（1602）和天启二年（1622）两次侵占澎湖。

　　天启四年，明政府出兵将荷兰殖民者逐出澎湖，俘获荷兰军主将，荷兰军的余众逃往台湾南部，侵占了台湾西南部的大员，并在那里建立了热兰遮城，又在赤嵌建立了赤嵌城，镇压台湾高山族的反抗，又于崇祯年间打败了侵占台湾北部的西班牙人，自此，荷兰人占有了台湾全岛，他们为了长期进行殖民统治，强迫台湾土著学荷兰语。在荷兰人眼中，台湾也是东方航路上的一个重要据点。

郑成功为了开辟新的抗清基地，决定收复台湾。

当一位叫何斌的人从台湾潜回厦门，献上亲手测绘的台湾军事地图后，更加坚定了郑成功收复台湾的决心。

何斌是福建南安人，早年曾随郑芝龙到台湾，后来学得荷兰语，成为荷兰人的通事。何斌趁机来到厦门，向郑成功建议说："王爷为何不去取台湾呢？台湾本是郑家的故地，今被荷兰人占据，百姓受欺压已久，王爷若攻台，百姓必定翘首以待。"

郑成功道："但不知台湾的情形如何？"

何斌说："台湾土地肥沃，有大片土地可以耕种，庄稼一年三熟，粮食充足，台湾的鸡笼、淡水两地还出产硝磺，可以用来造火药，且台湾海峡风高浪急，可为屏障。内修耕种，外与远洋通商，十年生聚，十年教养，可成霸业，到那时，恢复中原也非难事。"

说完，何斌指着献上的地图说："图中尽绘台湾沿岸地形及港口，还标注了荷兰人的城池布防和港口水位，此图可助王爷一臂之力。"

郑成功听了何斌的一席话，又仔细看了何斌献上的地图，大喜过望。于是参照地图，开始日夜筹划攻台之事。

经过周密筹备，郑成功率领两万五千名兵将，百余艘战船，于永历十五年（1661）二月从金门岛出发，穿越台湾海峡，在澎湖列岛成功登陆，准备择机攻取台湾。

站在船头，郑成功遥望台湾，想起父亲郑芝龙当年曾带领饥民入台开垦，勤劳发展，台湾本是先人经营之旧地，抚今追昔，百感交集，便吟了一首诗：

开辟荆榛逐荷夷，十年始克复先基。

田横尚有三千客，茹苦间关不忍离。

荷兰驻台湾的总督名叫揆（kuí）一（Frederick

Coyett），还有一员主将名叫猫难实叮（Jacobus Valentijn），听说郑成功要来攻打台湾，揆一心生畏惧，将台湾的守兵集中在热兰遮城和赤嵌城，揆一亲自守热兰遮城，猫难实叮守赤嵌城，两座城池互为掎（jǐ）角之势，隔海相望，互相呼应。准备迎战郑成功的海军。郑成功决定先进攻赤嵌城，因为赤嵌城附近有台江和鹿耳门两个港口，台江本是良港，水深而阔，有猫难实叮布置的舰队。鹿耳门地势复杂，其下多为乱石和沙坝，大船吃水深，若是误入其中，容易搁浅，相当险要。

台湾人有诗为证：

铁板沙连到七鲲，鲲身作浪海天昏。

任教巨舶难轻犯，天险生成鹿耳门。

鹿耳门作为港口，早已废弃不用，只有小船偶尔能通行其间，故而荷兰人不在此设防，为的是引诱郑成功的舰队落入陷阱，然后一举歼（jiān）灭。

攻台这天，海面上起了大雾。郑成功从澎湖起兵时，有个制作夜壶的匠人前来投军，带来几大车夜壶，郑成功见了，忽然生出一计。舰队驶到了台江港外，郑成功命人将夜壶封了口，外面罩上头盔，一个个扔到海里，又命人放下几十只木筏，在筏子上各放了一只活羊，羊的两只后蹄倒捆在桅杆上，两只前蹄下面放了一面鼓。羊半悬在木筏上面，前蹄无法落地，只得不停地踢踏鼓面，踢得鼓声隆隆，几十只羊一起擂鼓，鼓声大作，响如雷声。

荷兰人的舰队听到动静，见大雾之中，满是郑军的士兵，正从海面上泅水而来，脑袋在水中一起一伏的，在他们身后，可以隐隐看到郑军大船的帆影。看这架势，分明是郑军派出的精兵在泅水偷袭，似乎要从台江港抢滩登陆。荷兰人侧耳细听，又听到耳边鼓声隆隆，声势颇壮，正是郑军在擂鼓助威。海上大雾弥漫，也不知郑军来了多少人。

荷兰人不敢怠慢，振作精神，炮火齐鸣。炮弹所到之处，在海面凿出一个个深坑，海水瞬间被炸上了天，空中就像下了一场大雨，海中的鱼虾也跟着遭了殃，被炮弹击中，飞上天空，又落回海中。

再看海中，郑军的泅水士兵已经损失大半，荷兰人扬扬得意，以为把郑军打死不少，于是又急发一阵大炮，几乎将泅水的郑军消灭殆尽，原先密集的战鼓，好像也停了下来，海面恢复了原状，只有波浪堆叠的声音。

荷兰人觉得哪里有些不对劲儿，再看远处的郑军，帆影已经消失不见，泅水的兵卒也不见了，荷军以为是郑军见炮火威猛，又损失了大量兵卒，便知难而退了。

荷兰人见赢得如此容易，开始在舰上庆祝胜利了。

此时，郑成功的主力已经绕到了鹿耳门，准备从鹿耳门登陆。原来郑成功早就从当地渔民那里了解到，这鹿耳门虽是险滩，每月的初一和十六会有大潮，水位加深，远远高于往日。

郑成功早已算准了时间，他发兵这天正是四月初一。机不可失，时不再来。舰队分出一支，从海面上拐了个弯，直奔鹿耳门驶去。

逼近鹿耳门时，郑成功派出哨探船，抛下测深锤，测量水位高度。不多时，哨探船回报："鹿耳门已经涨潮，水位可供大船通过。"

郑成功大喜，忙吩咐左右开船。舰队从鹿耳门狭窄的水道中依次通过，直达赤嵌城下。城中的猫难实叮却浑然不知，此刻他刚接到战报，说前方舰队正在台江港外和郑军激战，已将郑军消灭大半。刚高兴了半截，又有人急报，说郑军已经杀到城外。

话音刚落，郑军已将赤嵌城团团围住，正在放炮攻城。炮弹砸在城墙上，门窗一阵震颤，猫难实叮吃了一惊，他无论如何也不敢相信，郑成功居然能攻到城外。登城一看，四下里都是摇旗呐喊的郑军，而赤嵌城中只有三百多荷兰兵。

猫难实叮大怒："废物，船上的那些家伙都是废物！"赶忙召集将士上城守卫，荷兰人在城上安置的火炮，打击非常精准，给郑军带来不小的伤亡，郑成功下令暂停攻城，转为围困，双方陷入僵持阶段。

海上的荷兰舰队回过神来后，开始向郑成功的舰队进攻，郑军以六十艘战舰迎敌。荷军赫克托号是主力舰，虽然船身高大，装备精良，却不敌郑军，中弹无数，大火熊熊燃烧起来，舰体被打穿后，不多时，赫克托号船身一歪，沉入水中。

主舰一沉，荷军其他战舰都很恐慌，人心涣散。郑军士气大振，纷纷跳上荷兰战舰，与荷兰人展开面对面搏斗，杀得荷军心惊胆战，纷纷溃败。

占领鹿耳门港后，郑成功给揆一写信劝降。揆一见信之后，思量郑军威猛，难以力敌，便派人来求和，愿给郑成功十万两白银，请郑成功退出台湾。

郑成功在回信中严词拒绝道："台湾者，中国之土地也。久为贵国所踞（jù），今余既来索，则地当归我。"揆一收到回信，仗着城池坚固，死守不出。

赤嵌城的猫难实叮也收到了郑成功的劝降信。他自知城中空虚，难以抵挡，便挂出白旗投降了。失去了赤嵌城，热兰遮城便成了一座孤城，于是郑成功下令围城。据守热兰遮城的揆一，船坚炮利，城堡牢固，想要与郑成功决一死战，他派出几百名火枪兵，想在郑成功立足未稳之时将其击败。

荷兰人出动之后，郑成功的前锋部队假装失败，引诱荷兰人深入，又分兵绕到了荷兰人身后，前后夹击，杀得荷军大败，剩下的残兵败将逃回热

郑军以六十艘战舰迎敌，并最终将荷军的主力
舰舰体打穿。

兰遮城后，闭门不出。

原来揆一心中还存了一线希望，他在等待援军的到来。因为在海战之中，荷军的一艘战舰悄悄驶向了巴达维亚（今雅加达），那里也有荷兰人的殖民地。果然，巴达维亚的荷军派来了十艘大舰，七百名士兵，向台湾增援。

增援的荷兰战舰见郑军战舰颇多，还未交战，便已心生怯意，双方开火之后，荷兰战舰即被郑军强大的炮火压制住，两艘荷兰战舰被郑军击沉，另有一艘触礁，余下的狼狈逃回巴达维亚。

虽然打退了荷兰的援军，郑成功还是担心荷兰人会有新的援兵到来，不知道巴达维亚还有多少舰队，于是抓紧攻打热兰遮城。怎奈城池高大坚固，且形状怪异，易守而难攻。

这座城池是欧洲的新式城堡，在火器出现之后，旧式的城堡已经难以抵御炮火，为了应对火器攻击，新式城堡的各个角落都有凸出的炮台，可以居高临下，形成交叉火力，向来犯者开炮。因这些炮台三面悬空，只有一面与城堡连通，故而在防御上几乎没有死角。郑军在攻城时损失惨重，只得继续围城，等城中弹尽粮绝之时，再发起总攻。

热兰遮城被围困长达八个多月，城中缺粮少弹，荷军共饿死了一千六百多人，剩下的六百多人，能战斗的不足半数。郑成功借机用炮弹轰击城墙，揆一终于坚持不住，开城向郑成功投降。

这一天是公元1662年2月1日，侵占台湾长达三十八年的荷兰人，彻底被郑成功驱逐出境。

经略海外

　　郑成功收复台湾之后，祭祀山川神祇（qí），安抚台湾百姓，改热兰遮城为东都，改赤嵌城为承天府，命杨朝栋为承天府尹、周全斌为南北路驻军总督。又设了天兴、万年两个县，在澎湖设了安抚司，还在东都设了永历帝之位，仍用明朝衣冠，文武百官各就其位，典章制度一如旧时。

　　新得了台湾，正是百废待兴之时。郑成功明示众将："我军渡台，非为苟且偷安，此处土地肥沃，大可以寓兵于农，屯田养兵，待将来天下有变，便可出师北上，恢复中原。"

　　众将不解其意，便问这"寓兵于农"之意，郑成功说："古往今来善为将者，无不通晓屯田养兵之法，以兵卒兴农事，且耕且战，稳固一方，便可兵精粮足。昔有诸葛亮屯田渭滨，司马懿屯田渭南，姜维屯田沓中，杜预屯田襄阳，皆是善于用兵者。如今这里偏居海滨，可谓险绝之地，正当居安思危，努力开垦，怎能掉以轻心。前人屯田之法，正可为我所用。"

众将称是，便请教其法。郑成功说："按地开荒，插竹为社，斩茅为屋，训练生牛犁田。丈量土地，划归版图，照三年开垦，然后定上、中、下三等，确定赋税。三年内的收成，只给公家十分之三。农闲的时候进行军事训练，如果遇到战事，这些人便拿起武器，充作兵丁，太平无事的时候则放下刀剑，进行耕种。战时是兵，平时是农，兵农一体，土地得以开垦，粮饷得以丰饶。"

郑成功说完，众将赞叹："此法大妙，若照此执行，田野之中便没有弃掷的荒地，军中便有充裕的粮草。"

此时郑成功采纳户官杨英的建议，向高山族的村寨派出有经验的汉人指导农事，谓之"农师"。郑成功认为此法大妙，于是按法施行，高山族的土著得到了郑成功分发的种子和耕牛，开始和汉人农师学习耕种之法。

这一日，郑成功带人视察高山族的部落。来到田野，只见高山族人正在驱赶耕牛犁地。雨后新翻开的土地又黑又亮，野草都被清理到田垄之外。郑成功问左右："这里有农师吗？"有人指给他看。不远处，一个农师正在矫正一个高山族人扶犁的姿势。

郑成功来到田边观看，见农师正从田垄上倒退出来，立在田间小路上，望着高山族人扶犁前行，那个高山族人虽仍显得笨拙，但已经能和耕牛的步子相合。当牛慢下来时，他便挥鞭驱牛，眼看着土地翻开了大片，驱牛的高山族人面有喜色，笑盈盈地侧身望着脚下的土地。

郑成功走上前来，农师见他身着蟒袍（mǎng páo），头戴王冠，赶忙施礼道："您是国姓爷？"

郑成功双手将他搀起："正是。"

郑成功见农师脸上晒得黝（yǒu）黑，便问道："你是哪里人氏？"

农师弓身道："小人姓陈，是福建漳州人氏，家中父母早已亡故，亦农亦渔，勉力维生，近来清人颁发了迁界令，离海五十里处挖了一条大沟，树立界碑，凡是越过界限的，就要捉住杀头。界外的房屋、田地、渔船这些搬不走的财物，都要焚毁。不得生路，只好逃到台湾来谋生，因为会使耕牛，被选作农师，教当地人种田。"

郑成功点点头，对左右道："清廷不得人心，以至于此。迁界无异于驱逐百姓，百姓前来归我，是迟早的事。"

说罢，回头又对农师说："台湾土地肥沃，这些年风调雨顺，你在这里教会他们种地，我便划土地给你耕种，保你在此安居乐业。"

农师听了，千恩万谢，这时高山族人已经耕完了一块地，农师便又回到地里帮其卸犁。

部落的长老听说郑成功到来，便赶来相见，长老为郑成功准备了四样礼物，装在四个盘子里，分别是金、银、谷、土，各由四个高山族女子双手捧着，举过头顶，虔敬奉上。郑成功看了看，将金、银、谷退回，他说："我带兵收复国土，不为金银而来，而这谷物，你们当留作种子，播种下去，可以收获更多的谷子。我只收这一盘土，土地是最珍贵的，所谓的国土，是生长谷物的土，要远远胜过金银。”

郑成功把这盘土捧在手中，转身对众将说：“我郑氏一族本在海上建功立业，向来不重土地与农耕，然今非昔比，若不远征台湾，得此一块土地，怎能有用武之地？”

众将和百姓抬眼望去，见那一盘土在郑成功的手中堆成了小丘状，因是新掘出来的，还带着湿气，在阳光的照射下，隐隐有蒸汽上腾。

高山族的百姓听说郑成功只重土地不重金银，都大为叹服。在此之前，高山族的农业还处于刀耕火种的原始阶段，并无先进的农具可用。开垦时，并不知道犁锄的便捷，只知道用刀和钩掘地，费时又费力，到了收获时，也不知道使用镰刀，而是一棵一棵用手拔，收完一块地，要用几十天时间。

郑成功带来的耕牛、犁和镰刀，都是来自中原的先进农具，在高山族人眼中成了神奇之物。这些奇形怪状的铁片，与木柄、耕牛等物衔接在一起，居然有了不可思议的力量——原先几十天才能干完的活，现在几天就能干完了。

为此，人们在田中来回奔走，原先人迹罕至的地方，现在都有了牛蹄和犁铧（huá）的踪迹，呈现的是一幅安居乐业的幸福场景。

巡视完毕，郑成功率人回府，打马行到高处时，回身再望田野中那些忙碌的身影，他用马鞭指着身后，大笑道："海外有此一片土地，恢复中原有望！"

起初，郑成功遣兵开荒，执法甚严，部将马信以为郑成功过于急躁严厉，便进言劝谏。

郑成功对他说："我军立足之初，立法当严，以为示范，往后便可循规而进，自然容易得多。古时子产治理郑国，诸葛武侯治理蜀国，用法是严还是宽？"

马信听了，答曰："前人用法，确是严苛。"

部将潘仁追随郑成功多年，屡立战功，对于屯田十分不屑，他对兵卒说："大丈夫当金戈铁马，征战沙场，如今却成了农夫，真是可笑。"于是命兵卒从田里撤回，为自己修建府邸。郑成功得知

收回台湾后，郑成功努力经营，受到台湾各族
人民的欢迎和支持。

后，便下令斩了潘仁。众将得知，无不惊悚，从此，再也没人敢轻视屯田政策，台湾的开荒屯田措施得以迅速铺展开来。

郑成功深具"通洋裕国"的战略思想，荷兰人退却之后，郑成功控制了东亚的航路，他在鼓励农耕的同时，积极开展海外贸易，使得商船往来如梭，财富源源不断。

不幸的是，正值壮年的郑成功，正在踌躇满志经略台湾，准备进一步在海外建功立业之时，却因病去世。而此时距离他收复台湾，仅仅过去了四个多月。

郑成功在台湾的威望很高，他去世后，台湾百姓纷纷进行悼念，为了纪念他的丰功伟绩，台湾百姓尊称他为"开台圣王"，又因他曾带来十二张犁，教会台湾百姓使用耕牛犁耙（bà），所以又被称为"十二张犁开台圣王"。

郑成功和清廷是不共戴天的仇敌。然而，清朝的康熙皇帝却非常钦佩郑成功的气节，在他死后多年，亲笔为他题写挽联，盛赞他为"海外孤忠"。

联曰：

四镇多二心，两岛屯师，敢向东南争半壁；
诸王无寸土，一隅抗志，方知海外有孤忠。

郑成功
生平简表

●◎明天启四年（1624）

_____

生于日本长崎县平户千里滨。

●◎明崇祯三年（1630）

_____

被父亲郑芝龙接回福建安平县。

●◎明崇祯十一年（1638）

_____

中秀才，入南安县学，成为二十名"廪膳生"之一。

●◎明崇祯十四年（1641）

奉父母之命，与礼部侍郎董飏先之女成亲。

●◎明崇祯十七年、清顺治元年（1644）

秋天，入南京国子监求学。

●◎南明隆武元年、清顺治二年（1645）

郑芝龙等人拥立唐王朱聿键为帝，召见，赐封国姓，赐名成功，故又称朱成功，或称"国姓爷"。

同年十月，郑成功之母田川氏从日本归住安平县。

●◎南明隆武二年、清顺治三年（1646）

隆武帝身死。郑芝龙降清。清军突袭安平，郑成功之母死于乱兵之中。郑成功焚烧儒服，誓师抗清。

●◎南明永历元年、清顺治四年（1647）

郑成功与叔父郑鸿逵攻打泉州不克，退兵安平。

●◎南明永历二年、清顺治五年（1648）

郑成功闻知永历帝在梧州，乃改用永历年号，永历帝封郑成功为威远侯。

●◎南明永历四年、清顺治七年（1650）

郑成功占据金门、厦门，兵威大振。

●◎南明永历七年、清顺治十年（1653）

郑成功击退来犯清兵，守住金、厦等地，永历帝封郑成功为漳国公。

●◎南明永历十一年、清顺治十四年（1657）

郑成功从海路率部北伐，攻克台州，因清兵攻打福建，回师相救。永历帝封郑成功为延平郡王，故后世又称之为"郑延平"。

●◎南明永历十二年、清顺治十五年（1658）

郑成功再举北伐，至舟山洋面，遭遇飓风，舰船损失严重，停留舟山休整。

● ◎ 南明永历十三年、清顺治十六年（1659）

郑成功率水师攻入长江，连克瓜洲、镇江，并围攻南京，清廷为之震动，后因贻误战机，痛失南京，从海路退回厦门。

● ◎ 南明永历十四年、清顺治十七年（1660）

荷兰通事何斌至厦门，献台湾地图，建议郑成功取台湾。同年，清军主将达素率军攻打厦门，被郑成功击退，清军损失惨重。

● ◎ 南明永历十五年、清顺治十八年（1661）

郑成功率军横渡台湾海峡，攻克赤嵌城，围困热兰遮城，至腊月十三（1662年2月1日），荷兰总督揆一开城投降，郑成功收复台湾。

● ◎ 南明永历十六年、清顺治十九年（1662）

郑成功病逝于台湾，享年三十九岁。